Deine exklusiven Vorteile auf einen Blick

Das Rundum-Sorglos-Paket: Unsere Online-Testtrainer enthalten alle wichtigen Bereiche und Materialien, die du für deine Prüfung benötigst.

Kein Abo: Unser Versprechen für dich: Dir entstehen keine Zusatzkosten. Mit dem Kauf deines Paketes bekommst du Zugriff auf deinen Kurs. Und zwar ein Leben lang und auf so vielen Geräten, wie du willst!

Erstklassiger Support: Das TestHelden-Team steht dir natürlich für Fragen zur Verfügung. Du kannst uns per Discord, Whatsapp oder per E-Mail erreichen.

Immer auf dem neusten Stand: Dein Testtrainer aktualisiert sich automatisch. Alle Inhalte werden regelmäßig ergänzt und überarbeitet.

Unabhängig lernen: Egal auf Tablet, Computer oder Smartphone – dein Testtrainer ist immer zur Stelle, wenn du ihn brauchst. Du kannst rund um die Uhr lernen und alle Aufgaben so oft üben, wie du möchtest.

Lebendige und exklusive Community: Als TestHelden-Kunde bist du Teil unserer großartigen Community. Du kannst mit anderen Absolventen ins Gespräch kommen, dich austauschen und Erfahrungen und Materialien teilen.

Bergeweise Fragen und Materialien: Dein Testtrainer enthält tausende Aufgaben aus allen wichtigen Bereichen. Neben Artikeln und Tests stehen dir auch zahlreiche professionelle Erklär- und Lernvideos zur Verfügung. Vorbereiten war nie einfacher!

In fünf Schritten zum bestandenen Test!

1. Bestell dir jetzt dein passendes Buch!

Wenn du dein Buch in den Händen hältst, dann hast du den ersten Schritt schon geschafft. Du hast ein passendes Produkt für dich gefunden und bist bereit, mit deiner Vorbereitung zu starten.

2. Erkunde das Buch.

Das Buch enthält eine Reihe von Kapiteln, um dich zu unterstützen. Es lohnt sich, einfach ein wenig in den Kapiteln zu stöbern.

3. Löse deinen Gutscheincode ein und lade die App herunter!

Mit dem Kauf dieses Buches hast du automatisch auch einen Gutschein für unseren Online-Testtrainer erhalten. Den Gutschein und eine Anleitung findest du am Ende des Buches. Mit dem Online-Testtrainer kannst du per App oder Website digital lernen – wann und wo du willst. Der Testtrainer aktualisiert sich automatisch, wenn sich im Testverfahren etwas ändert. Du bist also immer auf dem neusten Stand! Genial, oder?

4. Finde Lernpartner und lerne unsere Community kennen!

Austausch ist der Schlüssel für erfolgreiches Lernen. Deshalb haben wir für dich eine Community gegründet – wahlweise direkt bei uns im Forum oder auf unserem Discord-Server. In der Community kannst du dich mit anderen Menschen austauschen, vernetzen und ins Gespräch kommen.

5. Starte dein Online-Training

Bereit zum Durchstarten? Beginne dein digitales Training per App oder Website. Unsere Community und das TestHelden-Team steht dir bei Fragen jederzeit zur Verfügung. Wir freuen uns auf dich!

Polizei Österreich

Aufnahmetest 2024: Buch + Online-App - zur Vorbereitung auf das Auswahlverfahren. Für Ausbildung & Studium und alle Dienstgrade. Erfolgreich bewerben und Polizei Karriere starten!

Polizei Österreich

Aufnahmetest 2024: Buch + Online-App - zur Vorbereitung auf das Auswahlverfahren. Für Ausbildung & Studium und alle Dienstgrade. Erfolgreich bewerben und Polizei Karriere starten!

Herausgeber:
eHEROES GmbH
Vertretungsberechtigter Geschäftsführer:
Tom Wenk
Sitz: D-08412 Werdau,
August-Bebel-Straße 3

1. Auflage

Weitere Kontaktinformationen:
https://testhelden.com

E-Mail: support@testhelden.com
WhatsApp/Telefon: +49 173 72 680 05
YouTube: @TestHelden
Instagram: @TestHelden.Official
Pinterest: @TestHelden
FaceBook: @TestHelden

© eHEROES GmbH, 08412 Werdau

Alle Rechte vorbehalten. Das Werk, einschließlich aller von der eHeroes GmbH erarbeiteten Inhalte, ist urheberrechtlich geschützt und darf nur mit schriftlicher Genehmigung des Verlages vervielfältigt werden. Dies gilt insbesondere für Übersetzungen und die Einspeicherung bzw. Verarbeitung in elektronischen Systemen.

Die Inhalte in diesem Buch sind von der eHEROES GmbH sorgfältig geprüft worden. Dennoch wird die Haftung der Autoren bzw. der eHEROES GmbH und seiner Beauftragten für Vermögens-, Sach- und Personenschäden ausgeschlossen. Es wird keine Garantie übernommen.

ISBN: 978-3-98817-433-8
Verlagsnummer: 978-3-98540

Inhalt

Übungsmaterialien 9

   Übung: Fachwissen Polizei Österreich 10
      Aufgaben 11
      Lösungen 16
      Selbsteinschätzung 19

   Übung: Matrizen 20
      Aufgaben 21
      Lösungen 29
      Selbsteinschätzung 36

   Übung: Matrizen II 37
      Aufgaben 38
      Lösungen 45
      Selbsteinschätzung 51

   Übung: Zahnrad 52
      Aufgaben 53
      Lösungen 60
      Selbsteinschätzung 63

   Übung: Zahlenreihe 64
      Aufgaben 65
      Lösungen 71
      Selbsteinschätzung 75

   Übung: Rechtschreibfehler 76
      Aufgaben 77
      Lösungen 82
      Selbsteinschätzung 85

   Übung: Deutsche Grammatik 86
      Aufgaben 87
      Lösungen 92
      Selbsteinschätzung 95

   Übung: Textaufgaben 96
      Aufgaben 97
      Lösungen 103
      Selbsteinschätzung 107

   Übung: Schlauchfiguren 108
      Aufgaben 109
      Lösungen 117
      Selbsteinschätzung 120

   Übung: Lage im Raum 121
      Aufgaben 122
      Lösungen 125
      Selbsteinschätzung 127

   Übung: Texte merken I 128
      Aufgaben 129
      Lösungen 132
      Selbsteinschätzung 134

   Übung: Texte merken II 135
      Aufgaben 137

Lösungen	140
Selbsteinschätzung	142
Übung: Flächen zählen	*143*
Aufgaben	144
Lösungen	151
Selbsteinschätzung	154
Übung: Buchstabenreihen fortführen	*155*
Aufgaben	156
Lösungen	162
Selbsteinschätzung	165
Übung: Recht Österreich	*166*
Aufgaben	167
Lösungen	173
Selbsteinschätzung	176
Übung: Sprachanalogien	*177*
Aufgaben	178
Lösungen	185
Selbsteinschätzung	188
Übung: Wörter ermitteln	*189*
Aufgaben	190
Lösungen	195
Selbsteinschätzung	197
Übung: Schlussfolgerungen	*198*
Aufgaben	199
Lösungen	206
Selbsteinschätzung	209
Übung: Ergebnisse schätzen	*210*
Aufgaben	211
Lösungen	216
Selbsteinschätzung	219
So schaltest du deinen Online-Testtrainer frei	**220**

Übrigens: Das sind nur einige der Themen, die dir in diesem Trainingspaket zur Verfügung stehen. Mit dem Kauf dieses Buches erhältst du exklusiv tausende weitere Übungen zu vielen spannenden Themengebieten.

Eine Anleitung dazu, wie du diese Inhalte freischalten kannst, findest du auf den hinteren Seiten des Buches.

Übungsmaterialien

Übung: Fachwissen Polizei Österreich

Darum geht es in dieser Übung: In diesem Themenbereich werden allgemeine Fakten zur Organisation, Strukturen und Geschichte der Polizei in Österreich abgefragt. Dein Lernziel ist es, den Aufbau und die Aufgaben der Polizei zu verstehen.

> Tipp: Wie immer kannst du diese Seite hier nutzen, um dir einige Notizen zu machen. Du kannst zum Beispiel festhalten, welche Erwartungen du an den Test hast, was dir beim Üben aufgefallen ist oder was dir besonders schwer oder leicht gefallen ist.

🚀 Deine Notizen:

Aufgaben

Frage 1:

ÖBRD steht für?

- ☐ A: Österreichischer Bund für rechtlichen Dienst
- ☐ B: Österreichischer Bergrettungsdienst
- ☐ C: Österreichischer Beamter für rechtlichen Dienst
- ☐ D: Österreichischer Bezirksrechtsdienst

Frage 2:

SPG ist die Abkürzung für _____?

- ☐ A: Spezialgebiet
- ☐ B: Sicherheitspolizeigesetz
- ☐ C: Spielbankengesetz
- ☐ D: Spielgemeinschaft

Frage 3:

Eine Voraussetzung für die Aufnahme bei der österreichischen Polizei ist _____?

- ☐ A: Ein Hauptschulabschluss
- ☐ B: Matura
- ☐ C: Der Fahrtenschwimmer
- ☐ D: Ein zuvor erlernter Beruf

Frage 4:

EB steht für _____?

- ☐ A: Ehrenbürger
- ☐ B: Exekutivbediensteter
- ☐ C: Exekutivbewilligung
- ☐ D: Ehrenbeamter

Frage 5:

Nach dem Bestehen der Dienstprüfung der Grundausbildung erhält der Polizist den Dienstgrad _____?

- ☐ A: Inspektor
- ☐ B: Offizier
- ☐ C: Kommissar
- ☐ D: Hauptmann

Frage 6:

Als Einstellungsvoraussetzung müssen Männer _____?

- ☐ A: Mindestens 1,70m groß sein
- ☐ B: Mindestens 1,65m groß sein
- ☐ C: Den ordentlichen Grundwehrdienst- oder Zivildienst abgeleistet haben
- ☐ D: Vorweisen, dass sie keine Schulden haben

Frage 7:

Die Bundesgendarmerie wurde überwacht von _____?

- ☐ A: Dem Bundesministerium für Inneres
- ☐ B: Dem Landeshauptmann
- ☐ C: Der Bundespolizei
- ☐ D: Sie wurde nicht überwacht

Frage 8:

Als gesetzliche Vorraussetzung für eine Ausbildung gilt _____?

- ☐ A: Die EU-Bürgerschaft
- ☐ B: Die Österreichische Staatsbürgerschaft
- ☐ C: Die volle Handlungsfähigkeit, was bedeutet man muss bei Beginn der Ausbildung 18 sein
- ☐ D: Dass man ein höheres Schwimmabzeichen als "Fahrtenschwimmer" haben muss

Frage 9:

BZS ist die Abkürzung für _____?

- ☐ A: Bildungszentren der Sicherheitsexekutive
- ☐ B: Bewilligungszeitraum der Sicherheitsexekutive
- ☐ C: Bundeszentrale der Sicherheitsexekutive
- ☐ D: Bundeszentren der Sicherheitsexekutive

Frage 10:

Welche Polizei deckt diese Bereiche ab: Alpinsport, Bersteigen, Flugunfälle, Lawinenunfälle?

- ☐ A: Bundespolizei
- ☐ B: Alpinpolizei
- ☐ C: Flugpolizei
- ☐ D: Wasserschutzpolizei

Frage 11:

Keine Voraussetzung für die Aufnahme bei der österreichischen Polizei ist _____?

- ☐ A: Ein Hauptschulabschluss
- ☐ B: Der Fahrtenschwimmer
- ☐ C: Ein Führerschein Klasse B
- ☐ D: Ein Staatsbürgerschaftsnachweis

Frage 12:

Wem ist die SEO Sondereinheit unterstellt?

- ☐ A: Dem Hauptmann der Landespolizeidirektion
- ☐ B: Dem Generaldirektor für öffentliche Staatssicherheit
- ☐ C: Dem Generaldirektor für Auslandseinsätze
- ☐ D: Dem Generaldirektor für Grenzkontrollen

Frage 13:

WEGA steht für?

☐ A: Wiener Einsatzgruppe Alarmabteilung
☐ B: Wiener Einsatzleitung Generalasset
☐ C: Wiener Exekutivgesetzabteilung
☐ D: Wiener Einsatzkommando der Generalabteilung

Frage 14:

Nur erlaubt, wenn sie speziellen Gesetzen nicht widersprechen und keine polizeifeindlichen Gruppierungen abbilden

☐ A: Grundsätzlich erlaubt
☐ B: Nur erlaubt, wenn sie sichtbar sind
☐ C: Nur erlaubt, wenn sie den Gesetzen nicht widersprechen und keine polizeifeindlichen Gruppierungen abbilden
☐ D: Nur erlaubt solange sie abdeckbar sind

Frage 15:

Was zählt nicht zu den Kernaufgaben der Bundespolizei?

☐ A: Streifendienst
☐ B: Fahndung
☐ C: Passkontrolle
☐ D: Rechtssprechung

Frage 16:

Welcher Teil ist keine Aufgabe der SPG?

☐ A: Haftvollzugsverwaltung
☐ B: Strafbestimmungen
☐ C: Besonderer Rechtsschutz
☐ D: Organisation der Strafvollziehung

Frage 17:

Die Leitung als Wachkörper Bundespolizei auf Landesebene ist die Aufgabe welcher Abteilung?

- ☐ A: Gendarmerie
- ☐ B: Landesregierung
- ☐ C: Flugpolizei
- ☐ D: Landespolizeidirektion

Frage 18:

Welche Mindestgröße müssen Frauen in Österreich erfüllen?

- ☐ A: 160cm
- ☐ B: 163cm
- ☐ C: 168cm
- ☐ D: Frauen müssen keine Mindestgröße erfüllen

Frage 19:

In wie viele Teile gliedert sich das Sicherheitspolizeigesetz?

- ☐ A: 7
- ☐ B: 9
- ☐ C: 8
- ☐ D: 6

Frage 20:

Wie viele Ausbildungsabschnitte gibt es?

- ☐ A: 2
- ☐ B: 3
- ☐ C: 4
- ☐ D: 5

Lösungen

Aufgabe 1:

Korrekt ist hier B.

Aufgabe 2:

Korrekt ist hier B.

Aufgabe 3:

Korrekt ist hier C.

Aufgabe 4:

Korrekt ist hier B.

Aufgabe 5:

Korrekt ist hier A.

Aufgabe 6:

Korrekt ist hier C.

Aufgabe 7:

Korrekt ist hier A.

Aufgabe 8:

Korrekt ist hier B.

Aufgabe 9:

Korrekt ist hier A.

Aufgabe 10:

Korrekt ist hier B.

Aufgabe 11:

Korrekt ist hier A.

Aufgabe 12:

Korrekt ist hier B.

Aufgabe 13:

Korrekt ist hier A.

Aufgabe 14:

Korrekt ist hier C.

Aufgabe 15:

Korrekt ist hier D.

Aufgabe 16:

Korrekt ist hier D.

Aufgabe 17:

Korrekt ist hier D.

Aufgabe 18:

Korrekt ist hier D.

Aufgabe 19:

Korrekt ist hier B.

Aufgabe 20:

Korrekt ist hier C.

Selbsteinschätzung
Fachwissen Polizei Österreich

Auf dieser Seite kannst du deinen Lernfortschritt dokumentieren. Das hilft dir dabei, deinen Lernfortschritt zu reflektieren und ein Gefühl dafür zu bekommen, wie sicher du in diesem Themenbereich bereits bist.

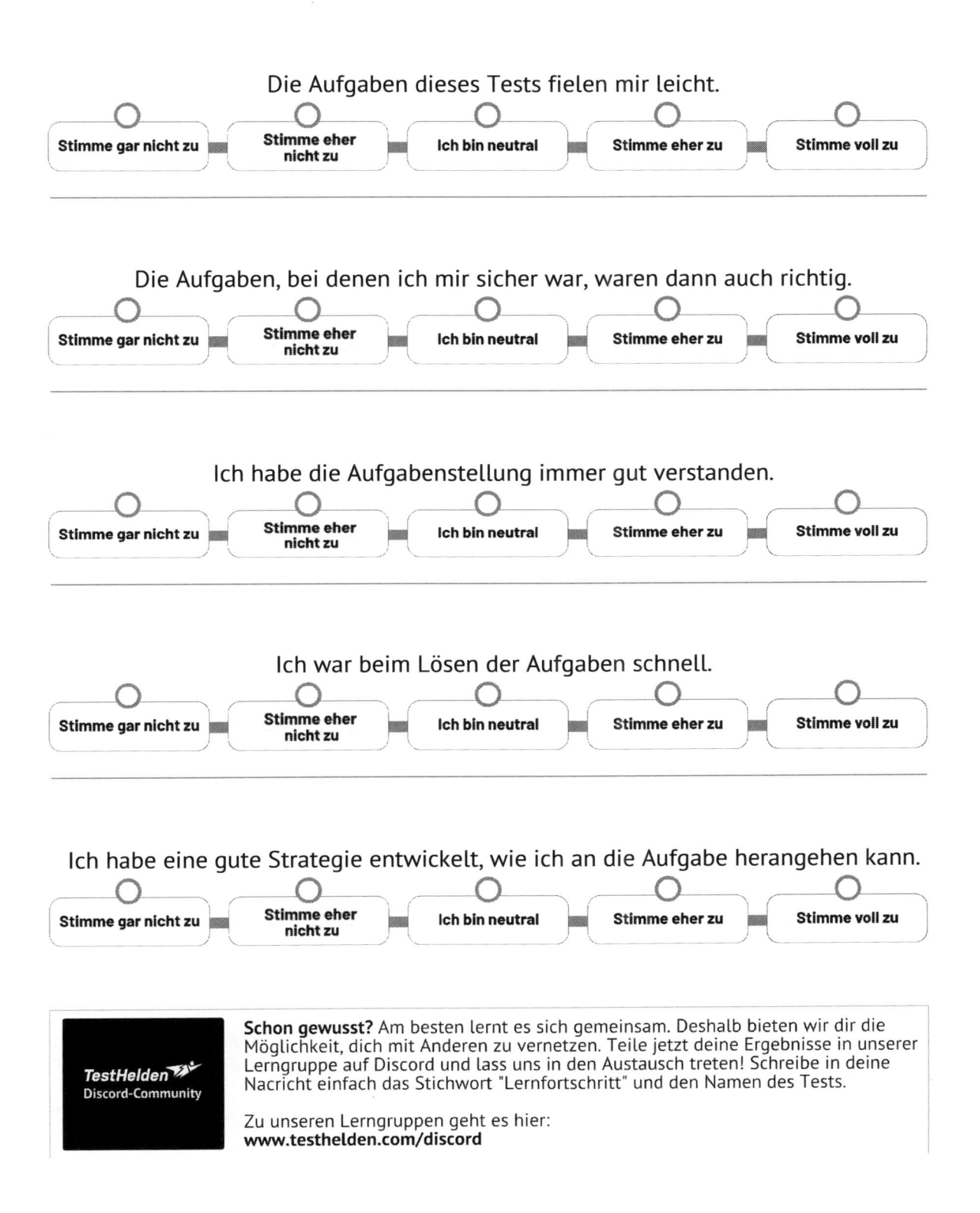

Die Aufgaben dieses Tests fielen mir leicht.

○ Stimme gar nicht zu — ○ Stimme eher nicht zu — ○ Ich bin neutral — ○ Stimme eher zu — ○ Stimme voll zu

Die Aufgaben, bei denen ich mir sicher war, waren dann auch richtig.

○ Stimme gar nicht zu — ○ Stimme eher nicht zu — ○ Ich bin neutral — ○ Stimme eher zu — ○ Stimme voll zu

Ich habe die Aufgabenstellung immer gut verstanden.

○ Stimme gar nicht zu — ○ Stimme eher nicht zu — ○ Ich bin neutral — ○ Stimme eher zu — ○ Stimme voll zu

Ich war beim Lösen der Aufgaben schnell.

○ Stimme gar nicht zu — ○ Stimme eher nicht zu — ○ Ich bin neutral — ○ Stimme eher zu — ○ Stimme voll zu

Ich habe eine gute Strategie entwickelt, wie ich an die Aufgabe herangehen kann.

○ Stimme gar nicht zu — ○ Stimme eher nicht zu — ○ Ich bin neutral — ○ Stimme eher zu — ○ Stimme voll zu

TestHelden Discord-Community

Schon gewusst? Am besten lernt es sich gemeinsam. Deshalb bieten wir dir die Möglichkeit, dich mit Anderen zu vernetzen. Teile jetzt deine Ergebnisse in unserer Lerngruppe auf Discord und lass uns in den Austausch treten! Schreibe in deine Nacricht einfach das Stichwort "Lernfortschritt" und den Namen des Tests.

Zu unseren Lerngruppen geht es hier:
www.testhelden.com/discord

Übung: Matrizen

Darum geht es in dieser Übung: In diesem Themenbereich findest du Aufgaben zum Thema Matrizen. Dein Lernziel ist es, das System von Matrize zu verstehen und weiterführen zu können.

🎵 Zu diesem Test findest du Medieninhalte direkt in deinem Online-Kurs.

> Tipp: Wie immer kannst du diese Seite hier nutzen, um dir einige Notizen zu machen. Du kannst zum Beispiel festhalten, welche Erwartungen du an den Test hast, was dir beim Üben aufgefallen ist oder was dir besonders schwer oder leicht gefallen ist.

🚀 Deine Notizen:

Aufgaben

Frage 1:

Welches Bild passt in das Feld mit dem Fragezeichen?

23	24	27
0	74	0
73	1	?

Bild A: 0 | Bild B: 1
Bild C: 2 | Bild D: 3

A: Bild A

B: Bild B

C: Bild C

D: Bild D

Frage 2:

Welche Darstellung passt in das freie Feld?

A: Bild A

B: Bild B

C: Bild C

D: Bild D

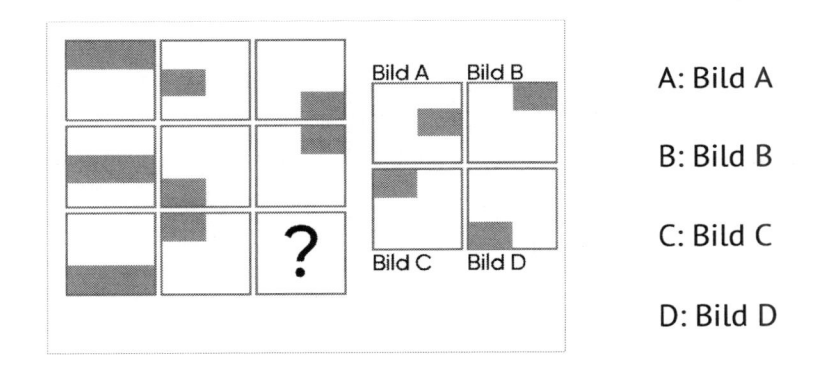

Frage 3:

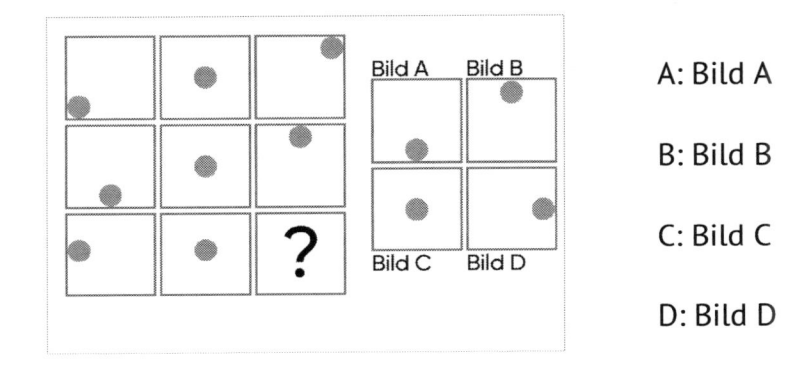

Welche Darstellung passt in das freie Feld?

A: Bild A

B: Bild B

C: Bild C

D: Bild D

Frage 4:

Welches Symbol fehlt an der freien Stelle?

A: gefüllter schwarzer Kreis mit Dreieck

B: gestrichelter Kreis mit Dreieck

C: Kreis mit gestrichelter Linie und ohne Dreieck

D: Kreis mit gestrichelter Linie und mit Dreieck

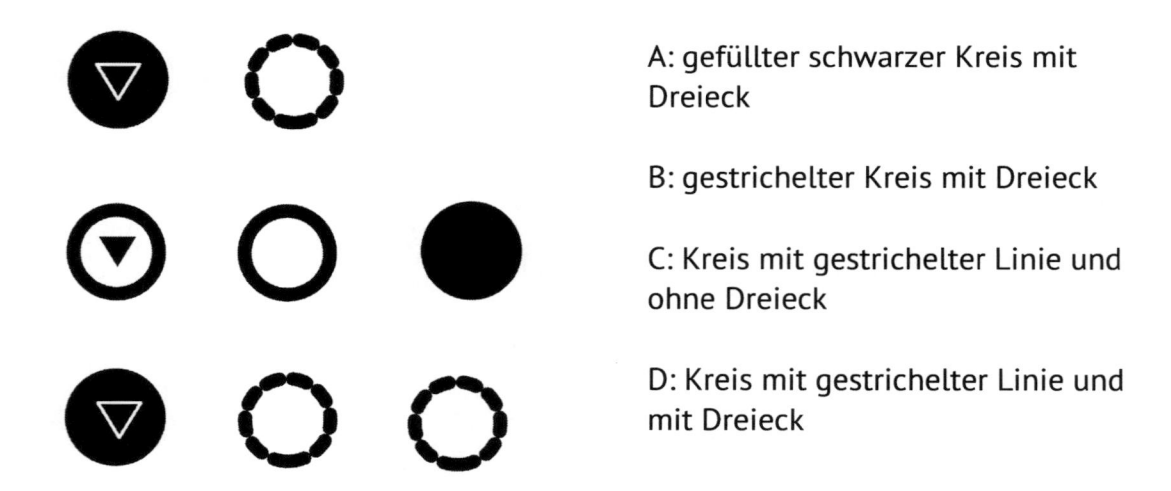

Frage 5:

Welche Darstellung passt in das freie Feld?

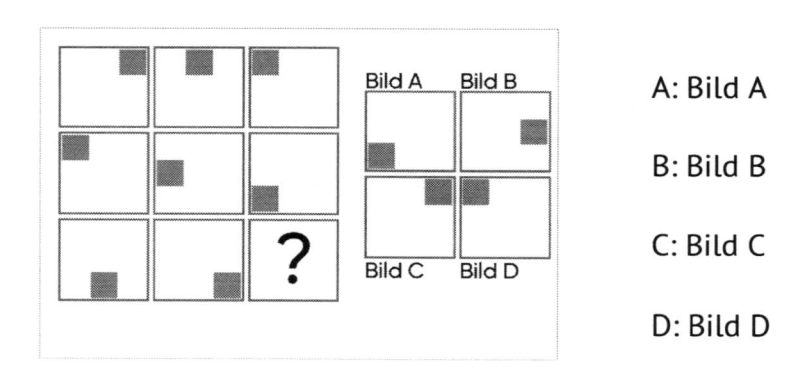

A: Bild A

B: Bild B

C: Bild C

D: Bild D

Frage 6:

Welches Symbol fehlt an der freien Stelle?

TestHelden

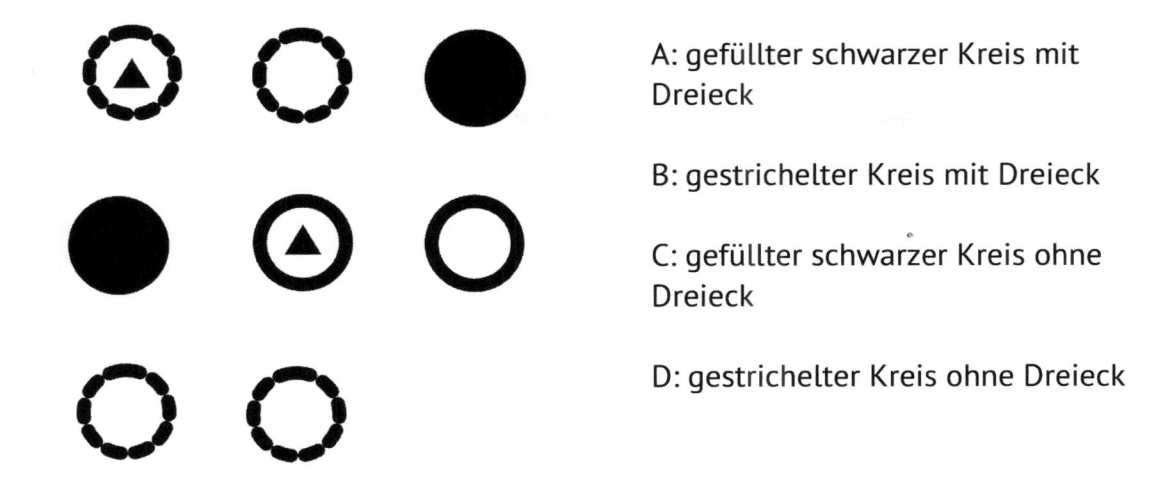

A: gefüllter schwarzer Kreis mit Dreieck

B: gestrichelter Kreis mit Dreieck

C: gefüllter schwarzer Kreis ohne Dreieck

D: gestrichelter Kreis ohne Dreieck

Frage 7:

Welches Bild passt in das Feld mit dem Fragezeichen?

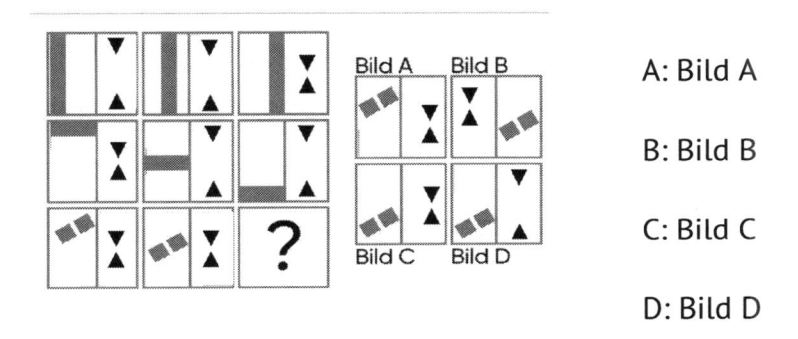

A: Bild A

B: Bild B

C: Bild C

D: Bild D

Frage 8:

Welches Symbol fehlt an der freien Stelle?

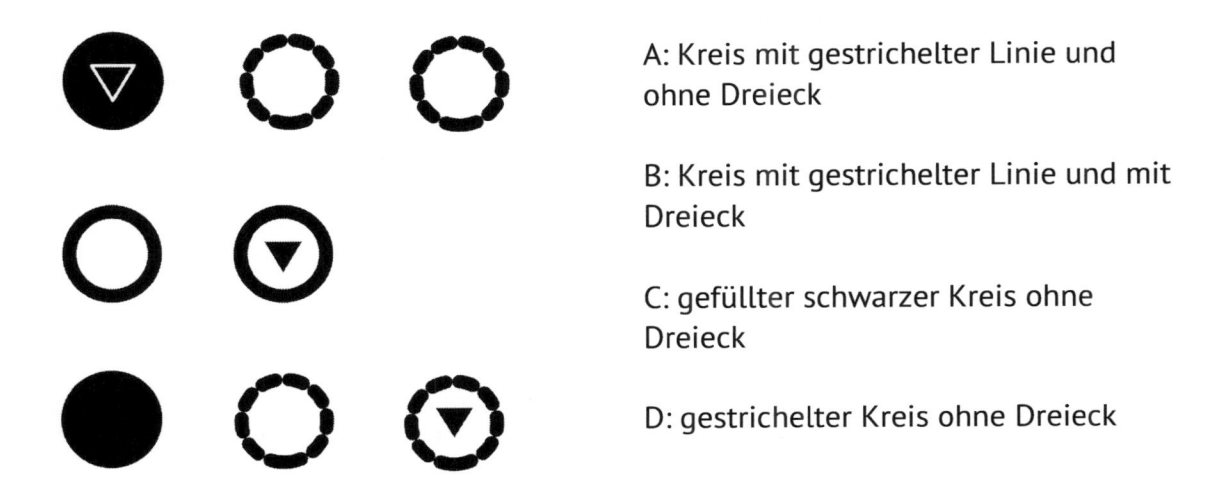

A: Kreis mit gestrichelter Linie und ohne Dreieck

B: Kreis mit gestrichelter Linie und mit Dreieck

C: gefüllter schwarzer Kreis ohne Dreieck

D: gestrichelter Kreis ohne Dreieck

Frage 9:

Welches Symbol fehlt an der freien Stelle?

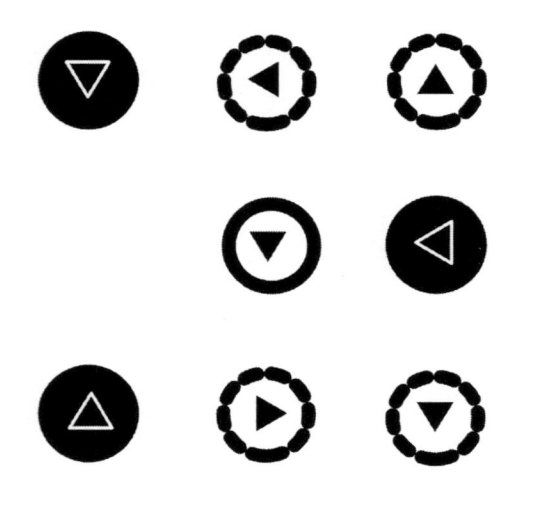

A: Kreis ohne Füllung mit Dreieck, das nach unten zeigt

B: gestrichelter Kreis mit Dreieck, das nach links zeigt

C: Kreis mit gestrichelter Linie und ohne Dreieck

D: Kreis ohne Füllung und mit einem Dreieck, das nach rechts zeigt

Frage 10:

Welche Darstellung passt in das freie Feld?

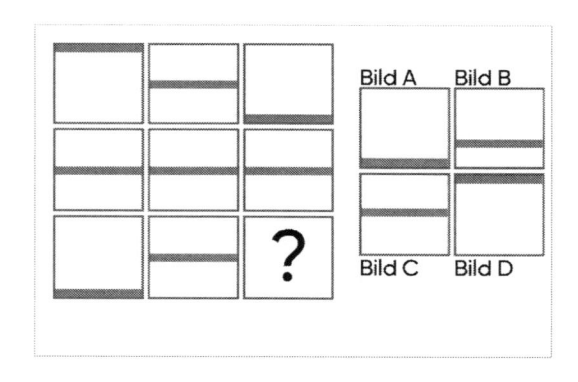

A: Bild A

B: Bild B

C: Bild C

D: Bild D

Frage 11:

Welche Darstellung passt in das freie Feld?

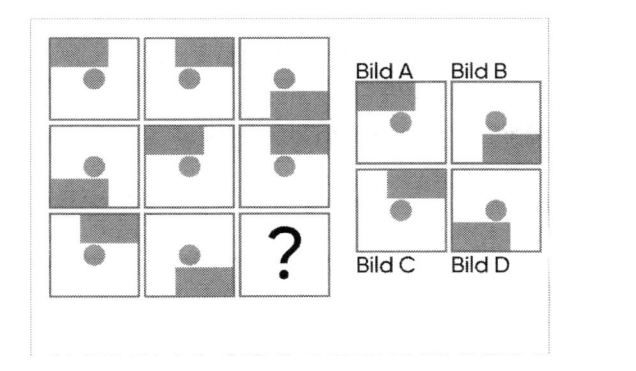

Frage 12:

Welche Darstellung passt in das freie Feld?

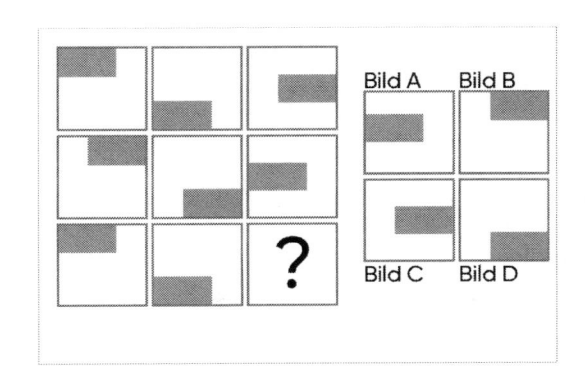

A: Bild A

B: Bild B

C: Bild C

D: Bild D

Frage 13:

Welche Darstellung passt in das freie Feld?

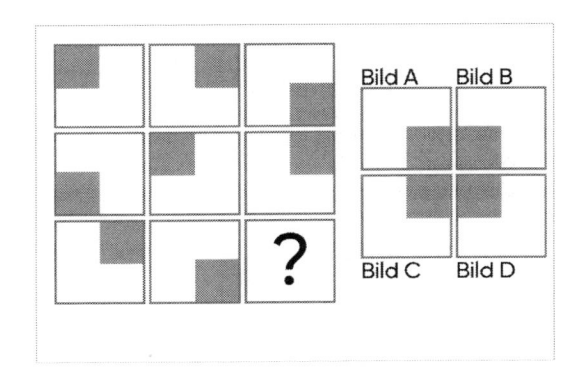

A: Bild A

B: Bild B

C: Bild C

D: Bild D

Frage 14:

Welche Darstellung passt in das freie Feld?

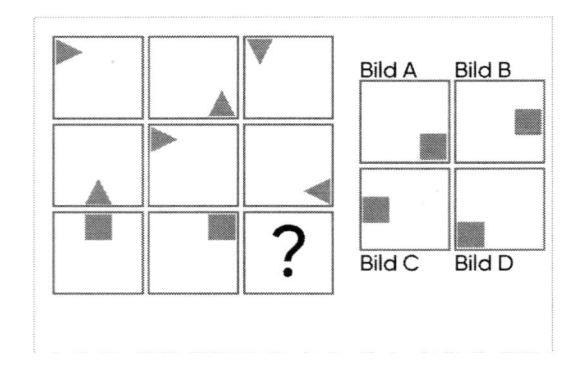

A: Bild A

B: Bild B

C: Bild C

D: Bild D

Frage 15:

Welche Darstellung passt in das freie Feld?

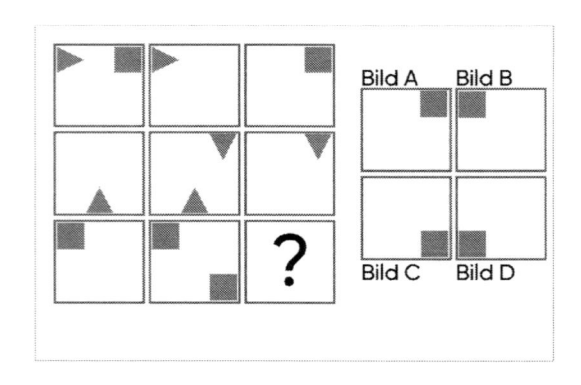

A: Bild A

B: Bild B

C: Bild C

D: Bild D

Frage 16:

Welche Darstellung passt in das freie Feld?

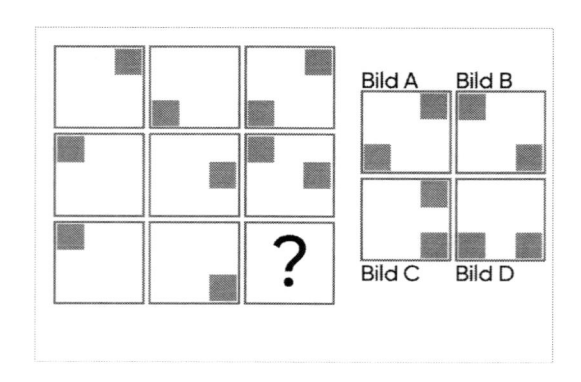

A: Bild A

B: Bild B

C: Bild C

D: Bild D

Frage 17:

Welche Darstellung passt in das freie Feld?

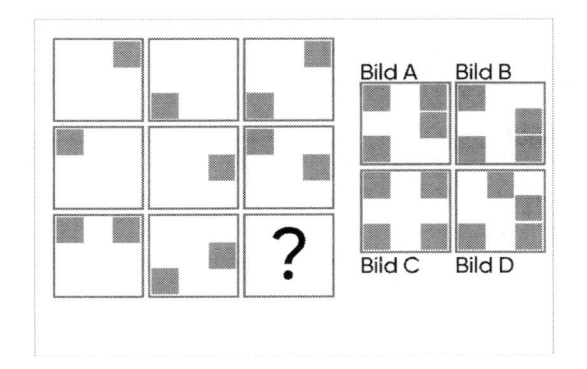

A: Bild A

B: Bild B

C: Bild C

D: Bild D

Frage 18:

Welche Darstellung passt in das freie Feld?

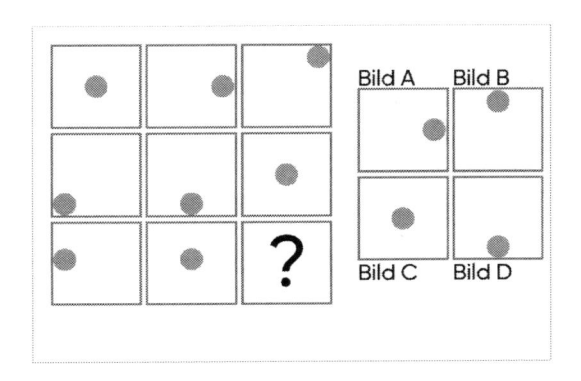

A: Bild A

B: Bild B

C: Bild C

D: Bild D

Frage 19:

Welche Darstellung passt in das freie Feld?

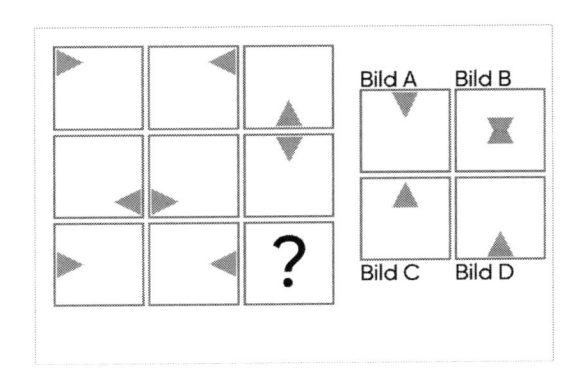

A: Bild A

B: Bild B

C: Bild C

D: Bild D

Frage 20:

Welche Darstellung passt in das freie Feld?

A: Bild A

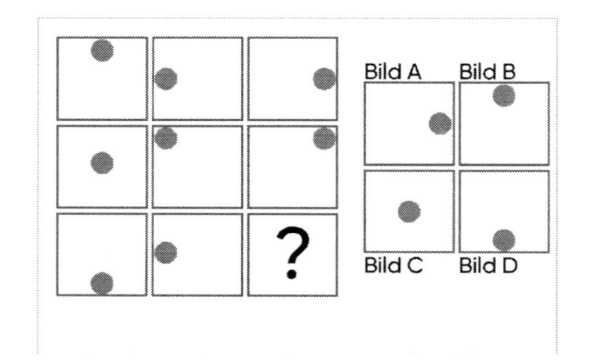

B: Bild B

C: Bild C

D: Bild D

Lösungen

Aufgabe 1:

💡 Lösungshilfe:
Hier musst du auf einen mathematischen Zusammenhang finden. Versuche z.B., die Zeilen zu addieren.

Korrekt ist hier A. Die Summe jeder Zeile ist immer 74. Daher fehlt die Zahl 0.

Aufgabe 2:

💡 Lösungshilfe:
Versuche ein Muster in den Zeilen, Spalten oder in den Diagonalen zu erkennen. Probiere hier, die Spalten von oben nach unten zu lesen. Dir wird auffallen, dass sich in jeder Spalte die Markierung in den Kästchen weder nach links noch nach rechts bewegt, sondern lediglich von oben nach unten. Außerdem kommt in jeder Spalte jede vertikale Position immer nur einmal vor.

Korrekt ist hier A. Dir sollte auffallen, dass sich in jeder Spalte die Markierung in den Kästchen weder nach links noch nach rechts bewegt, sondern lediglich von oben nach unten. Außerdem kommt in jeder Spalte jede vertikale Position immer nur einmal vor. Das fehlende Muster muss also eine Markierung in der Mitte des Kästchens haben. Das ist bei Antwort A der Fall.

Aufgabe 3:

💡 Lösungshilfe:
Versuche ein Muster in den Zeilen, Spalten oder in den Diagonalen zu erkennen. Liest du Zeile für Zeile, dann kannst du erkennen, dass sich die Punkte von rechts nach links bewegen. Außerdem ändert sich in den beiden ersten Zeilen die Höhe des Punktes. In der dritten Zeile bleibt die Höhe gleich. Deshalb muss sich der Punkt bei der richtigen Lösungen rechts und auf mittlerer Höhe des Feldes befinden.

Korrekt ist hier D. Liest du Zeile für Zeile, dann kannst du erkennen, dass sich die Punkte von rechts nach links bewegen. Außerdem ändert sich in den beiden ersten Zeilen die Höhe des Punktes. In der dritten Zeile bleibt die Höhe gleich. Deshalb muss sich der Punkt bei der richtigen Lösungen rechts und auf mittlerer Höhe des Feldes befinden. Das ist bei Bild D der Fall.

Aufgabe 4:

Korrekt ist hier C.

Aufgabe 5:

💡 Lösungshilfe:
Versuche ein Muster in den Zeilen, Spalten oder in den Diagonalen zu erkennen. Wenn man die Spalte von oben nach unten betrachtet, wird das Feld mit jedem Schritt um 90 Grad gedreht. Zusätzlich wird, um zur letzten Zeile zu gelangen, das orangene Quadrat gegen den Uhrzeigersinn um eine Position verschoben.

Korrekt ist hier B. Wenn man die Spalte von oben nach unten betrachtet, wird das Feld mit jedem Schritt um 90 Grad gedreht. Zusätzlich wird, um zur letzten Zeile zu gelangen, das Quadrat gegen den Uhrzeigersinn um eine Position verschoben. Das orangene Quadrat landet durch die Drehung also erst rechts unten und wird dann eine Position nach oben geschoben. Antwort B muss richtig sein.

Aufgabe 6:

Korrekt ist hier A.

Aufgabe 7:

💡 Lösungshilfe:
Achtung: Hier gibt es einen getrennten Zusammenhang für den linken und den rechten Teil jedes Feldes.

Korrekt ist hier D. Betrachte den rechten und linken Teil jedes Feldes unabhängig. Liest du die linke Hälfte (blaue) zeilenweise, wird dir auffallen, dass sich das blaube Objekt entweder nach unten oder nach rechts bewegt. Das blaue Objekt muss sich im gesuchten Feld also unten befinden. Der rechte Teil jedes Feldes hat folgende Logik. Erst kommen 2x zwei Pfeile mit großem Abstand. Danach kommen 2x zwei Pfeile mit kleinem Abstand und so weiter. Im gesuchten Bild müssen die Pfeile also einen großen Abstand haben. Bild D ist also das gesuchte Bild.

Aufgabe 8:

Korrekt ist hier C.

Aufgabe 9:

Korrekt ist hier D.

Aufgabe 10:

💡 Lösungshilfe:
Versuche ein Muster in den Zeilen, Spalten oder in den Diagonalen zu erkennen. Dir wird auffallen: In der ersten Reihe bewegen sich die Markierungen nach unten. In der zweiten Reihe bewegen sie sich gar nicht. In der dritten Reihe bewegen sie sich nach oben. Folglich muss sich im gesuchten Feld die Markierung oben befinden.

Korrekt ist hier D. In der ersten Reihe bewegen sich die Markierungen nach unten. In der zweiten Reihe bewegen sie sich gar nicht. In der dritten Reihe bewegen sie sich nach oben. Folglich muss sich im gesuchten Feld die Markierung oben befinden. Das ist bei Antwort D der Fall.

Aufgabe 11:

💡 Lösungshilfe:
Versuche ein Muster in den Zeilen, Spalten oder in den Diagonalen zu erkennen. Der Punkt ist in jedem Feld genau mittig. Lass dich vom Punkt also nicht irritieren. Lies stattdessen die Zeilen einzeln. Das Rechteck befindet sich in jeder Reihe zwei Mal auf der selben Höhe. Es kann sich im gesuchten Feld z.B. unten befinden. Die zwei Felder, bei denen sich das Rechteck auf der selben Höhe befindet, unterscheiden sich nur dadurch, dass das Rechtseck eine Position nach rechts oder links rutscht. Wenn man die Spalten einzeln liest, kann man außerdem erkennen, das sich in einer Spalte immer das Rechteck einmal auf der einen Seite und zweimal auf der anderen Seite befindet.

Korrekt ist hier D. Das Rechteck befindet sich in jeder Reihe zwei Mal auf der selben Höhe. Es kann sich im gesuchten Feld also z.B. unten befinden. Die zwei Felder, bei denen sich das Rechteck auf der selben Höhe befindet, unterscheiden sich nur dadurch, dass das Rechtseck eine Position nach rechts oder links rutscht. Wenn man die Spalten einzeln liest, kann man außerdem erkennen, das sich in einer Spalte immer das Rechteck einmal auf der einen Seite und zweimal auf der anderen Seite befindet. Das Rechteck muss sich also unten links befinden. Das ist bei Bild D der Fall.

Aufgabe 12:

💡 Lösungshilfe:
Versuche ein Muster in den Zeilen, Spalten oder in den Diagonalen zu erkennen. Betrachte die Zeilen. In jeder Zeile befindet sich der Block einmal oben, einmal unten und einmal in der Mitte. Wenn du die Spalten von oben nach unten liest, siehst du außerdem, dass der Block immer die Seiten (links und rechts) wechselt.

Korrekt ist hier C. In jeder Zeile befindet sich der Block einmal oben, einmal unten und einmal in der Mitte. Wenn du die Spalten von oben nach unten liest, siehst du außerdem, dass der Block immer die Seiten (links und rechts) wechselt. Der Block muss sich also mittig und auf der rechten Seite befinden. Antwort C ist somit die richtige Lösung.

Aufgabe 13:

💡 Lösungshilfe:
Hier gibt es sowohl in den Spalten als auch in den Zeilen jeweils eine Regelmäßigkeit, was die Position des Quadrates angeht.

Korrekt ist hier D. Versuche ein Muster in den Zeilen, Spalten oder in den Diagonalen zu erkennen. Pro Spalte befindet sich das Quadrat immer zwei Mal auf der gleichen Seite. Da sich das Quadrat in der dritten Spalte bereits zwei mal rechts befindet, muss es im gesuchten Feld auf der linken Seite sein. Dadurch kommen noch die Antwortmöglichkeiten B und D in Frage.

Auch pro Zeile gibt es einen Zusammenhang: In jeder Zeile befindet sich das Quadrat zwei Mal oben und einmal unten. Deshalb muss sich bei der richtigen Antwort das Quadrat oben befinden. Das ist nur bei Bild D der Fall. Bild D ist also richtig.

Aufgabe 14:

💡 Lösungshilfe:
Versuche ein Muster in den Zeilen, Spalten oder in den Diagonalen zu erkennen. Hier zeigen dir die Dreiecke die Position des Quadrates an. Das erste Dreieck einer Spalte zeigt die Höhe an, das zweite Dreieck die seitliche Position.

Korrekt ist hier D. Hier zeigen dir die Dreiecke die Position des Quadrates an. Das erste Dreieck einer Spalte zeigt die Höhe an, das zweite Dreieck die seitliche Postition. Im gesuchten Feld muss sich deshalb ein Quadrat unten links befinden. Das ist bei Bild D der Fall.

Aufgabe 15:

💡 Lösungshilfe:
Versuche ein Muster in den Zeilen, Spalten oder in den Diagonalen zu erkennen. Hier lässt sich das Muster über die unteren beiden Zeilen erkennen. Im mittleren Feld einer Zeile befinden sich immer zwei Symbole: Das Symbol aus dem Feld links daneben und das Symbol aus dem Feld rechts daneben. Das bedeutet, dass sich im fehlenden Feld ein Quadrat rechts unten befinden muss.

Korrekt ist hier C. Hier lässt sich das Muster über die unteren beiden Zeilen erkennen. Im mittleren Feld einer Zeile befinden sich immer zwei Symbole: Das Symbol aus dem Feld links daneben und das Symbol aus dem Feld rechts daneben. Das bedeutet, dass sich im fehlenden Feld ein Quadrat rechts unten befinden muss. Dass ist bei Bild C der Fall.

Aufgabe 16:

💡 Lösungshilfe:
Versuche ein Muster in den Zeilen, Spalten oder in den Diagonalen zu erkennen. Hier ergibt sich ein Muster anhand der Zeilen. Die ersten beiden Felder einer Zeile ergeben zusammen das dritte Feld der Zeile.

Korrekt ist hier B. Hier ergibt sich ein Muster anhand der Zeilen. Die ersten beiden Felder einer Zeile ergeben zusammen das dritte Feld der Zeile. Im Lösungsfeld muss sich deshalb ein Quadrat links oben und ein Quadrat rechts unten befinden. Das ist bei Bild B der Fall.

Aufgabe 17:

💡 Lösungshilfe:
Versuche ein Muster in den Zeilen, Spalten oder in den Diagonalen zu erkennen. Lies die Spalten. Du wirst merken, dass das erste und zweite Feld einer Spalte immer das dritte Feld ergibt, wenn man die Symbole addiert.

Korrekt ist hier A. Du wirst merken, dass das erste und zweite Feld einer Spalte immer das dritte Feld ergibt, wenn man die Symbole addiert. Das gesuchte Feld muss also Quadrate oben rechts, unten links, oben links und rechts in der Mitte haben. Das ist nur bei Bild A der Fall.

Aufgabe 18:

💡 Lösungshilfe:

Versuche ein Muster in den Zeilen, Spalten oder in den Diagonalen zu erkennen. Hier kannst du z.B. die Zeilen von links nach rechts lesen. Der Punkt bewegt sich immer erst eine Position nach rechts und anschließend eine Position nach oben.

Korrekt ist hier B. Der Punkt bewegt sich immer erst eine Position nach rechts und anschließend eine Position nach oben. Bei der richtigen Antwort muss der Punkt sich also oben in der Mitte eines Feldes befinden. Das ist bei Antwort B der Fall.

Aufgabe 19:

💡 Lösungshilfe:

Versuche ein Muster in den Zeilen, Spalten oder in den Diagonalen zu erkennen. Lies die Zeilen von links nach rechts. Das Dreieck bewegt sich zuerst auf die andere Seite, also von links nach rechts oder von rechts nach links. Alle Felder in der dritten Spalte haben das Symbol weder links noch rechts, sondern mittig. In jeder Spalte befindet sich außerdem ein Symbol oben, eins unten und eins auf mittlerer Höhe. Im gesuchten Feld muss sich das Dreieck also auf mittlerer Höhe befinden.

Korrekt ist hier B. Alle Felder in der dritten Spalte haben das Symbol weder links noch rechts, sondern mittig. In jeder Spalte befindet sich außerdem ein Symbol oben, eins unten und eins auf mittlerer Höhe. Im gesuchten Feld muss sich das Dreieck also auf mittlerer Höhe befinden. Das ist nur bei Bild B der Fall.

Aufgabe 20:

💡 Lösungshilfe:

Versuche ein Muster in den Zeilen, Spalten oder in den Diagonalen zu erkennen. Hier kannst du z.B. die Zeilen von links nach rechts lesen. Dir wird auffallen, dass in der ersten Spalte der Punkt immer in der Mitte des Kästchens ist. In der zweiten Spalte ist der Punkt immer auf der linken Seite und in der dritten Spalte immer auf der rechten Seite. Die Höhe der Markierung ist im zweiten und dritten Kästchen einer Reihe immer gleich.

Korrekt ist hier A. Dir wird auffallen, dass in der ersten Spalte der Punkt immer in der Mitte des Kästchens ist. In der zweiten Spalte ist der Punkt immer auf der linken Seite und in der dritten Spalte immer auf der rechten Seite. Die Höhe der Markierung ist im zweiten und dritten Kästchen einer Reihe immer gleich. Folglich muss bei der richtigen Antwort der Punkt rechts im Kästchen und auf mittlerer Höhe sein. Das ist bei Antwort A der Fall.

Selbsteinschätzung
Matrizen - Test

Auf dieser Seite kannst du deinen Lernfortschritt dokumentieren. Das hilft dir dabei, deinen Lernfortschritt zu reflektieren und ein Gefühl dafür zu bekommen, wie sicher du in diesem Themenbereich bereits bist.

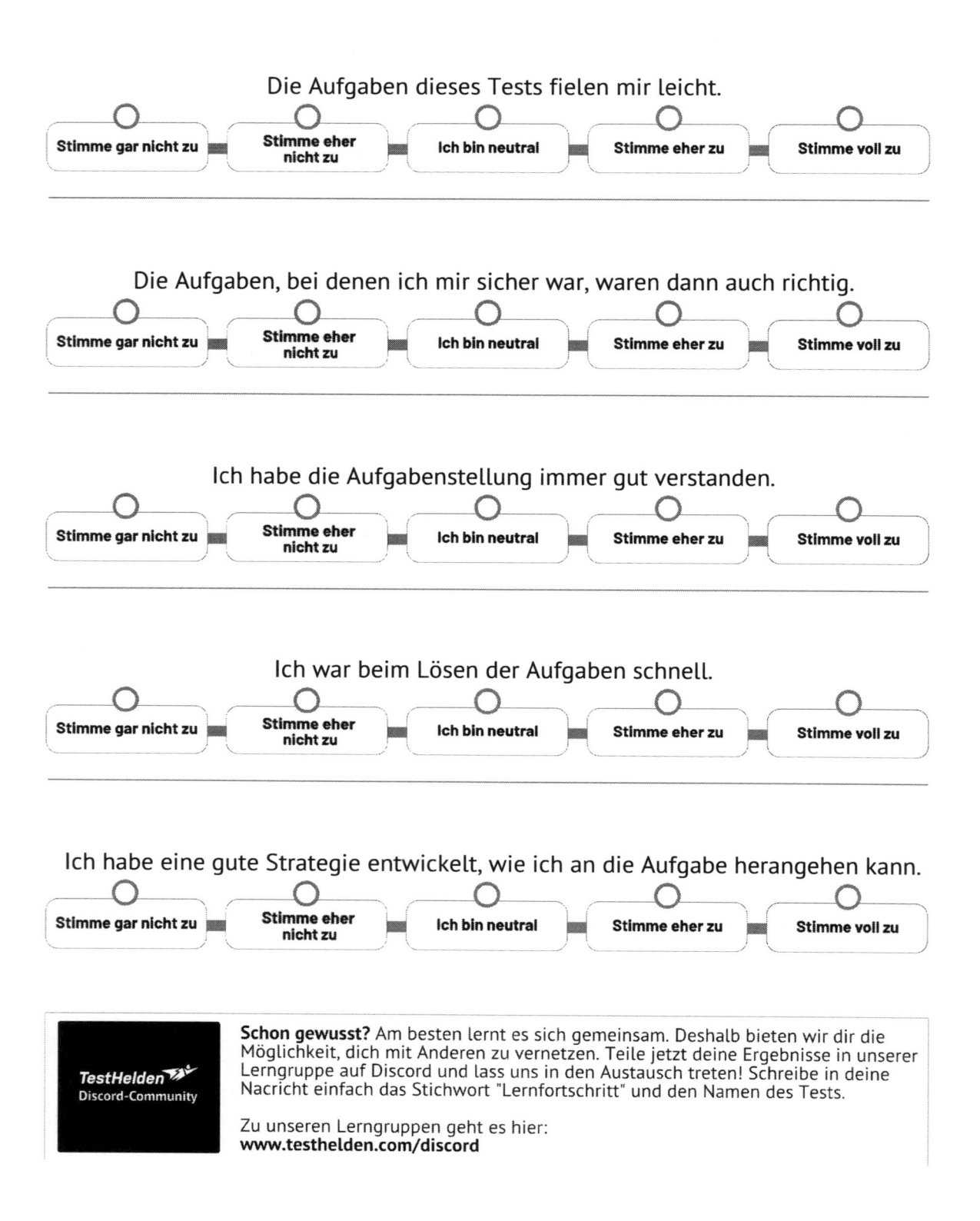

Die Aufgaben dieses Tests fielen mir leicht.

O Stimme gar nicht zu — O Stimme eher nicht zu — O Ich bin neutral — O Stimme eher zu — O Stimme voll zu

Die Aufgaben, bei denen ich mir sicher war, waren dann auch richtig.

O Stimme gar nicht zu — O Stimme eher nicht zu — O Ich bin neutral — O Stimme eher zu — O Stimme voll zu

Ich habe die Aufgabenstellung immer gut verstanden.

O Stimme gar nicht zu — O Stimme eher nicht zu — O Ich bin neutral — O Stimme eher zu — O Stimme voll zu

Ich war beim Lösen der Aufgaben schnell.

O Stimme gar nicht zu — O Stimme eher nicht zu — O Ich bin neutral — O Stimme eher zu — O Stimme voll zu

Ich habe eine gute Strategie entwickelt, wie ich an die Aufgabe herangehen kann.

O Stimme gar nicht zu — O Stimme eher nicht zu — O Ich bin neutral — O Stimme eher zu — O Stimme voll zu

TestHelden Discord-Community

Schon gewusst? Am besten lernt es sich gemeinsam. Deshalb bieten wir dir die Möglichkeit, dich mit Anderen zu vernetzen. Teile jetzt deine Ergebnisse in unserer Lerngruppe auf Discord und lass uns in den Austausch treten! Schreibe in deine Nacricht einfach das Stichwort "Lernfortschritt" und den Namen des Tests.

Zu unseren Lerngruppen geht es hier:
www.testhelden.com/discord

Übung: Matrizen II

Darum geht es in dieser Übung: In diesem Themenbereich findest du Aufgaben zum Thema Matrizen. Dein Lernziel ist es, das System von Matrizen zu verstehen und weiterführen zu können.

> Tipp: Wie immer kannst du diese Seite hier nutzen, um dir einige Notizen zu machen. Du kannst zum Beispiel festhalten, welche Erwartungen du an den Test hast, was dir beim Üben aufgefallen ist oder was dir besonders schwer oder leicht gefallen ist.

🚀 Deine Notizen:

Aufgaben

Frage 1:

Welche Darstellung passt in das Feld mit dem Fragezeichen?

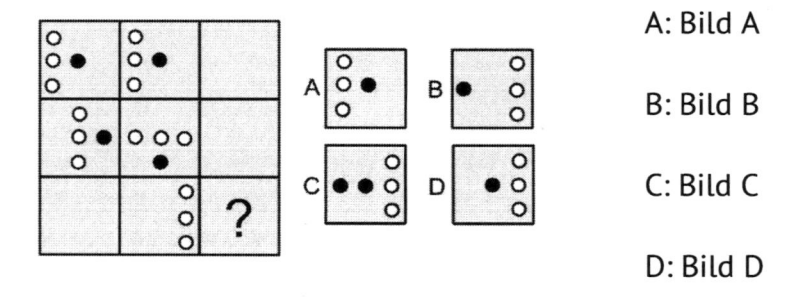

A: Bild A

B: Bild B

C: Bild C

D: Bild D

Frage 2:

Welche Darstellung passt in das Feld mit dem Fragezeichen?

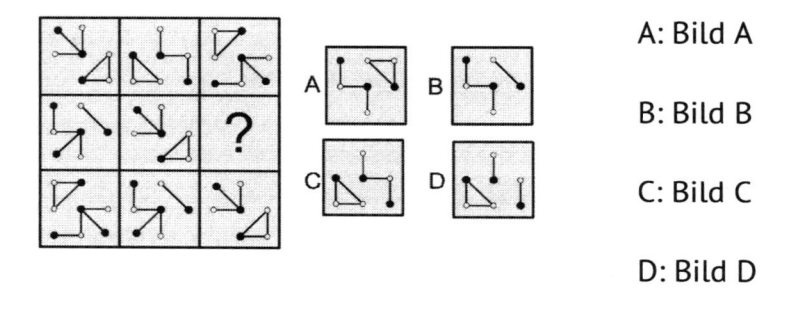

A: Bild A

B: Bild B

C: Bild C

D: Bild D

Frage 3:

Welche Darstellung passt in das Feld mit dem Fragezeichen?

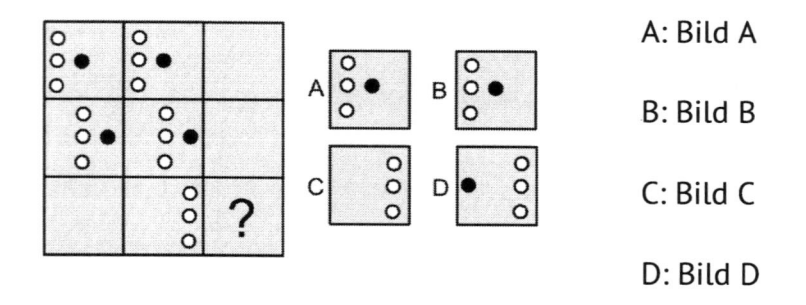

A: Bild A

B: Bild B

C: Bild C

D: Bild D

TestHelden

Frage 4:

Welche Darstellung passt in das Feld mit dem Fragezeichen?

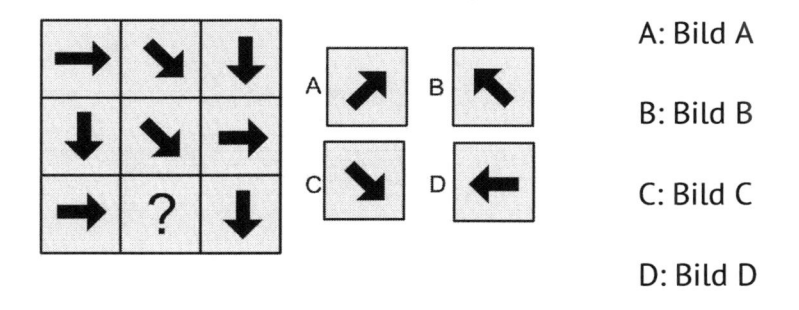

A: Bild A

B: Bild B

C: Bild C

D: Bild D

Frage 5:

Welches Bild muss in das gesuchte Feld?

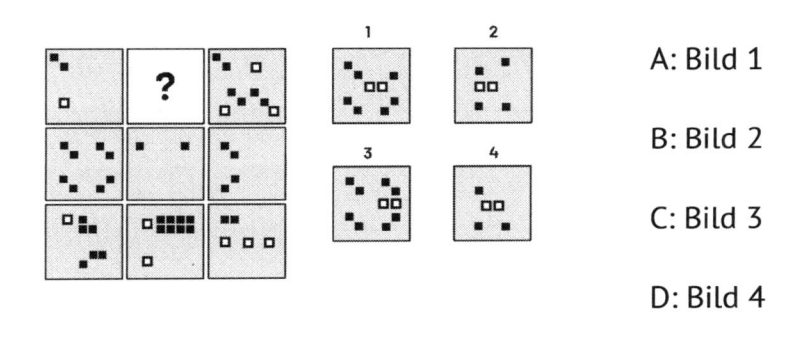

A: Bild 1

B: Bild 2

C: Bild 3

D: Bild 4

Frage 6:

Welche Darstellung passt in das Feld mit dem Fragezeichen?

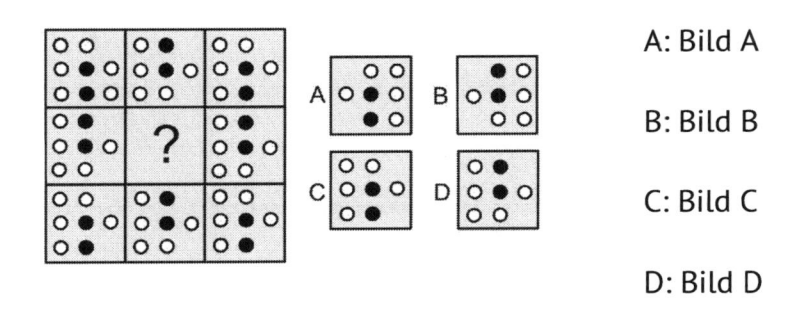

A: Bild A

B: Bild B

C: Bild C

D: Bild D

Frage 7:

Welche Darstellung passt in das Feld mit dem Fragezeichen?

A: Bild A

B: Bild B

C: Bild C

D: Bild D

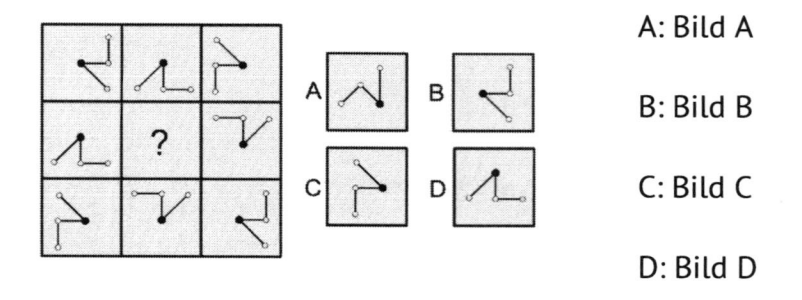

Frage 8:

Welche Darstellung passt in das Feld mit dem Fragezeichen?

A: Bild A

B: Bild B

C: Bild C

D: Bild D

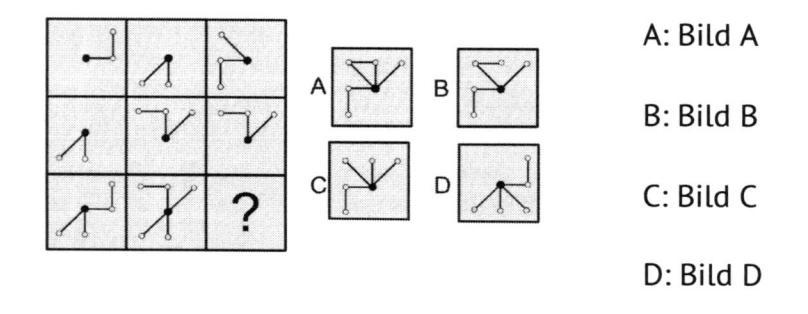

Frage 9:

Welche Elemente aus dem Raster auf der rechten Seite benötigt man, um das leere Feld auf der linken Seite logisch zu füllen?

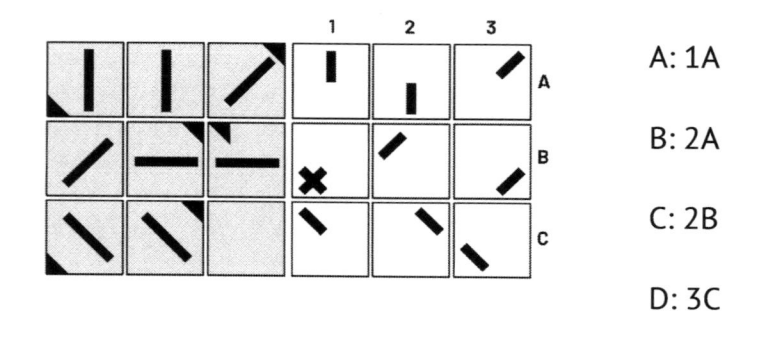

A: 1A

B: 2A

C: 2B

D: 3C

TestHelden

Frage 10:

Welche Darstellung passt in das Feld mit dem Fragezeichen?

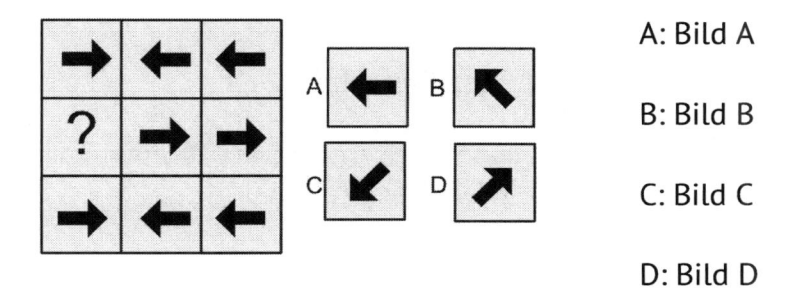

A: Bild A

B: Bild B

C: Bild C

D: Bild D

Frage 11:

Welche Darstellung passt in das Feld mit dem Fragezeichen?

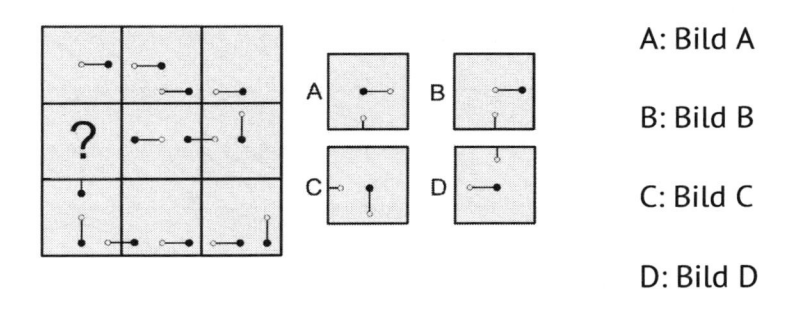

A: Bild A

B: Bild B

C: Bild C

D: Bild D

Frage 12:

Welche Darstellung passt in das Feld mit dem Fragezeichen?

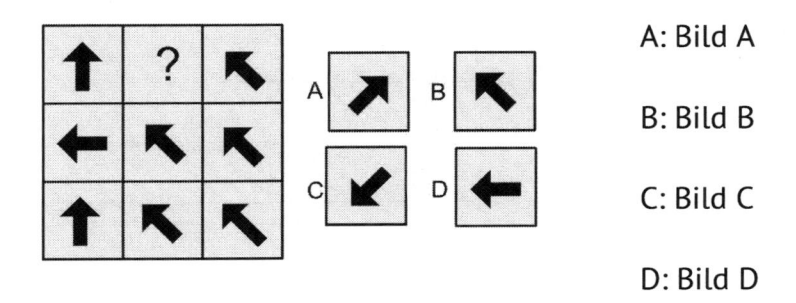

A: Bild A

B: Bild B

C: Bild C

D: Bild D

Frage 13:

Welches Symbol fehlt an der freien Stelle?

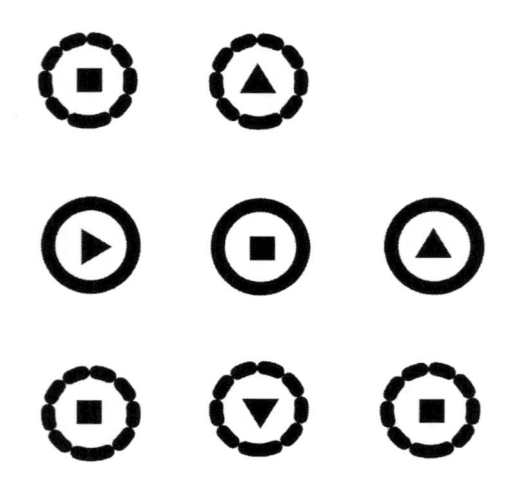

A: Kreis mit gestrichelter Linie, der ein Quadrat enthält

B: gestrichelter Kreis mit Dreieck, das nach links zeigt

C: Kreis mit gestrichelter Linie und ohne Dreieck

D: Kreis ohne Füllung und mit einem Dreieck, das nach rechts zeigt

Frage 14:

Welche Elemente aus dem Raster auf der rechten Seite benötigt man, um die gesuchte Figur zu erstellen?

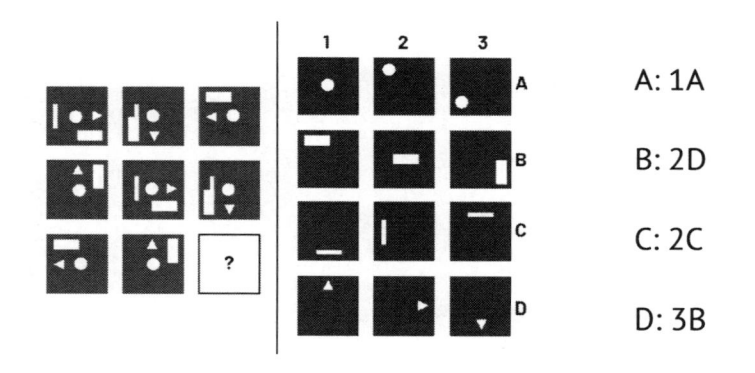

A: 1A

B: 2D

C: 2C

D: 3B

Frage 15:

Welche Darstellung passt in das Feld mit dem Fragezeichen?

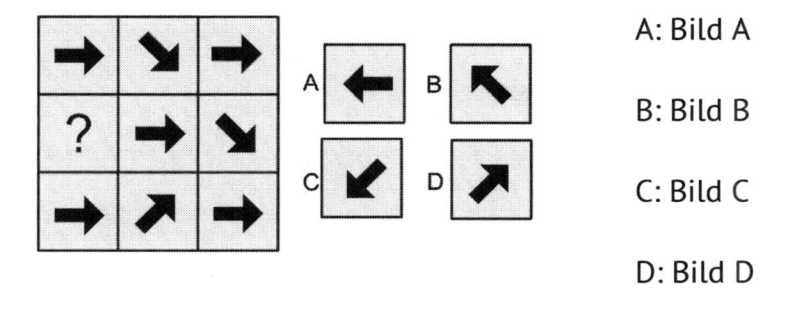

A: Bild A

B: Bild B

C: Bild C

D: Bild D

Frage 16:

Welches Bild muss in das gesuchte Feld?

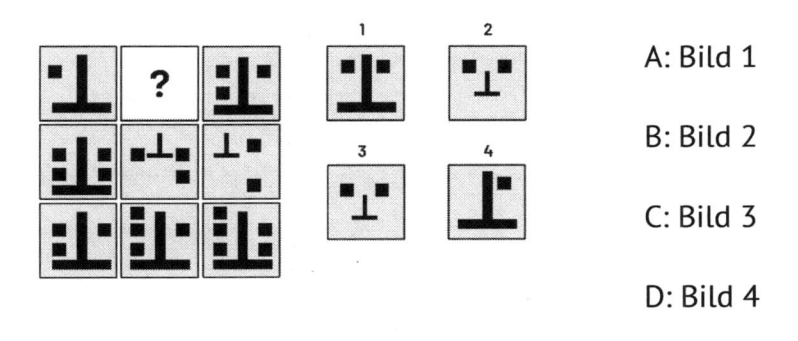

A: Bild 1

B: Bild 2

C: Bild 3

D: Bild 4

Frage 17:

Welche Darstellung passt in das Feld mit dem Fragezeichen?

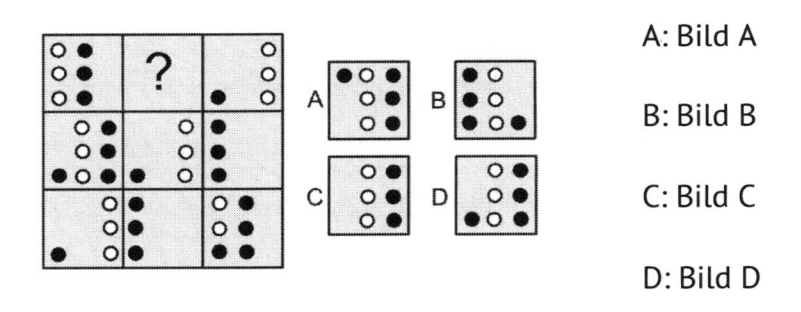

A: Bild A

B: Bild B

C: Bild C

D: Bild D

Frage 18:

Welche Elemente aus dem Raster auf der rechten Seite benötigt man, um die gesuchte Figur zu erstellen?

A: 1B

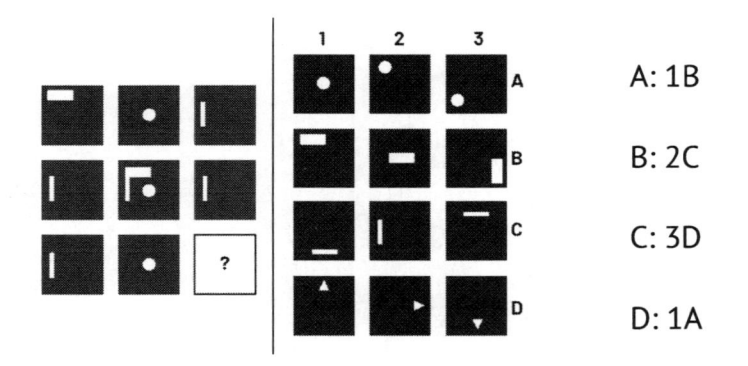

B: 2C

C: 3D

D: 1A

Frage 19:

Welches Symbol fehlt an der freien Stelle?

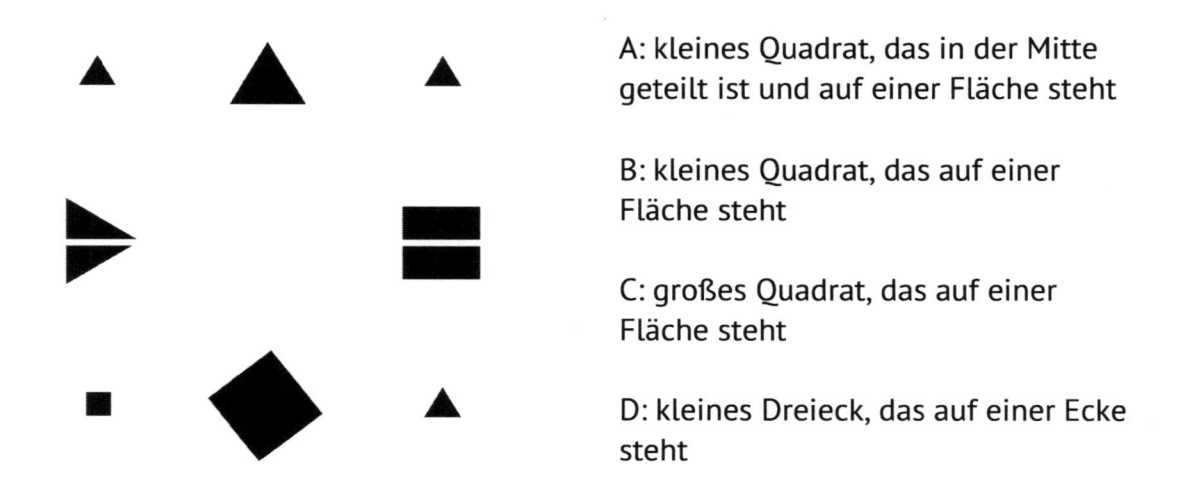

A: kleines Quadrat, das in der Mitte geteilt ist und auf einer Fläche steht

B: kleines Quadrat, das auf einer Fläche steht

C: großes Quadrat, das auf einer Fläche steht

D: kleines Dreieck, das auf einer Ecke steht

Frage 20:

Welche Darstellung passt in das Feld mit dem Fragezeichen?

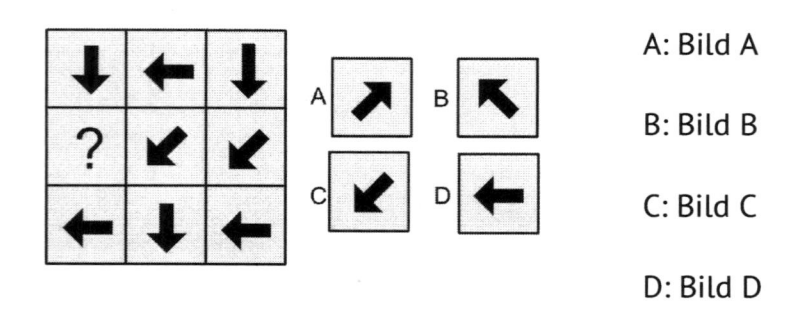

A: Bild A

B: Bild B

C: Bild C

D: Bild D

TestHelden

Lösungen

Aufgabe 1:

💡 Lösungshilfe:
Versuche ein Muster in den Zeilen, Spalten oder in den Diagonalen zu erkennen. Schau dir die Diagonalen an. Die zweite Figur jeder Zeile dreht sich mit jeder Zeile um 90 Grad.

Korrekt ist hier C. Bei der Lösung handelt es sich um eine Zusammensetzung aus 2 Figuren. Figur 1 (links oben, links mitte und unten mitte) versetzt sich immer ein Stück nach rechts. Im Feld unten in der Mitte "ragt" der schwarze Punkt mittlerweile also schon ins Feld unten rechts hinein.
Dann kommt dazu noch die 2. Figur (mitte oben, mitte und unten rechts). Da dreht sich die Wand aus 3 weißen Punkten mit dem einen schwarzen Punkt immer um 90 Grad. Aus beiden Regeln ergibt sich dann: 3 weiße Punkte und 2 schwarze Punkte.

Aufgabe 2:

💡 Lösungshilfe:
Die Form aus dem Feld rechts oben wird immer um 90° gedreht. Wichtig: In allen Feldern bleibt die Ecke rechts oben frei.

Korrekt ist hier C. Die Form aus dem Feld rechts oben wird immer um 90° gedreht. Wichtig: In allen Feldern bleibt die Ecke rechts oben frei. Deshalb sieht die Figur in einigen Feldern anders aus. Im gesuchten Feld muss Dreieck rechts unten positioniert sein. Die Position rechts oben bleibt frei - Antwort C muss also richtig sein.

Aufgabe 3:

💡 Lösungshilfe:
Versuche ein Muster in den Zeilen, Spalten oder in den Diagonalen zu erkennen. In jeder Zeile finden sich zwei Figuren aus weißen und schwarzen Punkten. Diese Figuren bewegen sich mit jeder Zeile eine Position nach rechts.

Korrekt ist hier D. In jeder Zeile finden sich zwei Figuren aus weißen und schwarzen Punkten. Diese Figuren bewegen sich mit jeder Zeile eine Position nach rechts. Antwort D muss also richtig sein.

Aufgabe 4:

💡 Lösungshilfe:
Versuche ein Muster in den Zeilen, Spalten oder in den Diagonalen zu erkennen. Der Pfeil wird in jeder Zeile gleichbleibend gedreht.

Korrekt ist hier C. Der Pfeil wird in jeder Zeile gleichbleibend gedreht. Im gesuchten Feld muss der Pfeil also leicht nach unten rechts zeigen. Das ist bei Bild C der Fall.

Aufgabe 5:

💡 Lösungshilfe:
Nicht immer führen dich geometrische Überlegungen zum Ziel. Manchmal musst du einfach zählen.

Korrekt ist hier B. Betrachte hier die schwarzen Pixel getrennt von den weißen Pixeln. Lies ganz einfach von links nach rechts und Zeile für Zeile. Für die Anzahl der Pixel gilt immer 2, 4, 6, 8. Bei den weißen Pixeln gibt es (wie du an der unteren Zeile sehen kannst) ersten einen, dann zwei und schließlich drei weiße Pixel. Im gesuchten Feld müssen alo zwei weiße Pixel und 4 schwarze Pixel zu sehen sein. Nur Bild 2 kann also richtig sein.

Aufgabe 6:

💡 Lösungshilfe:
Versuche ein Muster in den Zeilen, Spalten oder in den Diagonalen zu erkennen. Alle Felder werden von links nach rechts gelesen vertikal gespiegelt. Achtung: Dabei bleibt die Ecke oben rechts in einem Feld immer leer!

Korrekt ist hier C. Alle Felder werden von links nach rechts gelesen vertikal gespiegelt. Achtung: Dabei bleibt die Ecke oben rechts in einem Feld immer leer! Hier kann also nur Antwort C stimmen.

Aufgabe 7:

💡 Lösungshilfe:
Versuche ein Muster in den Zeilen, Spalten oder in den Diagonalen zu erkennen. Diagonal gelesen bleibt die Figur immer gleich.

Korrekt ist hier B und C. Diagonal gelesen bleibt die Figur immer gleich. Das freie Feld muss also aussehen wie das Feld ganz oben rechts und ganz unten links. Das ist bei Antwort C der Fall.

Aufgabe 8:

💡 Lösungshilfe:
Lies die Spalten. Die Figuren ergänzen sich gegenseitig.

Korrekt ist hier A. Lies die Spalten. Die Figuren ergänzen sich gegenseitig. Wenn du die Felder oben rechts und mitte rechts übereinander legst, erhältst du die Figur A.

Aufgabe 9:

💡 Lösungshilfe:
Gegeben ist hier eine zweiteilige Grafik. Links siehst du eine Matrize mit einem fehlenden Feld. Rechts siehst du mögliche Bausteine, die man nutzen kann, um des gesuchte Bild zu erstellen. Achte auf Zusammenhängen in Reihen, Spalten und der Diagonalen, um das Ergebnis zu ermitteln. Übrigens: Manchmal sind nicht alle Bausteine vorhanden, die du benötigen würdest, um die Figur zu bilden. Wähle in dem Fall einfach alle Bausteine aus, die man auf jeden Fall benötigt.

Korrekt ist hier A und B. Konzentriere dich auf den großen Balken. Aller zwei Felder dreht er sich um 45 Grad. Im leeren Feld muss dieser Balken senkrecht stehen. Um so einen Balken bilden zu können, benötigen wir die ersten beiden Bauteile, also 1A und 2A.

Aufgabe 10:

💡 Lösungshilfe:
Versuche ein Muster in den Zeilen, Spalten oder in den Diagonalen zu erkennen. Lies hier spaltenweise. Spalte 1 entspricht immer dem Spiegelbild von Spalte 2.

Korrekt ist hier A. Lies hier spaltenweise. Spalte 1 entspricht immer dem Spiegelbild von Spalte 2. Der Pfeil muss also nach links zeigen - Antwort A ist richtig.

Aufgabe 11:

💡 Lösungshilfe:
Versuche ein Muster in den Zeilen, Spalten oder in den Diagonalen zu erkennen. Die Figuren bilden eine lange Schlange, in der sich weiße und schwarze Kugeln abwechseln.

Korrekt ist hier A. Die Figuren bilden eine lange Schlange, in der sich weiße und schwarze Kugeln abwechseln. Im freien Fehlen also zwei weiße und eine schwarze Kugel, wobei die schwarze Kugel in der Mitte des Feldes liegt. Durch Antwort A wird die Schlange komplett.

Aufgabe 12:

💡 Lösungshilfe:
Versuche ein Muster in den Zeilen, Spalten oder in den Diagonalen zu erkennen. Hier wird der Pfeil nur in Spalte 1 gedreht.

Korrekt ist hier B. Hier wird der Pfeil nur in Spalte 1 gedreht. In den anderen Spalten wird der Pfeil nicht gedreht. Er muss im gesuchten Feld also nach links oben zeigen. B muss richtig sein.

Aufgabe 13:

Korrekt ist hier A.

Aufgabe 14:

Korrekt ist hier A und B und C. Hier musst du zwei Zusammenhänge unterscheiden. Achte zunächst auf den schmalen Strich auf der linken Seite eines Feldes. Wenn du von links nach rechts liest, ist der Strich immer abwechselnd 2x sichtbar und 2x nicht sichtbar. Der zweite Zusammenhang betrifft den Kreis, das Dreieck und das breite Rechteck. Diese drei Elemente ergeben eine gemeinsame Figur, die sich mit jedem Feld um 90 Grad im Uhrzeigersinn dreht.

Im gesuchten Feld muss also links ein schmaler Strich zu sehen sein, in der Mitte ein Kreis, auf der rechten Seite ein Dreieck und auf der unteren rechten Seite ein breites Rechteck, das auf seiner langen Seite liegt. Man benötigt also die Elemente 1A, 2D und 2C. Im Raster gibt es kein breites Rechteck, das auf der langen Seite liegt und sich unten rechts befindet, weshalb es auch nicht als Antwortmöglichkeit ausgewählt werden muss.

Aufgabe 15:

💡 Lösungshilfe:
Versuche ein Muster in den Zeilen, Spalten oder in den Diagonalen zu erkennen. Lies hier zeilenweise. Die Formen folgen diesem Muster: Rechts, unten, rechts, oben, rechts, unten, rechts, oben usw.

Korrekt ist hier D. Lies hier zeilenweise. Die Formen folgen diesem Muster: Rechts, unten, rechts, oben, rechts, unten, rechts, oben usw. Folglich muss der Pfeil im gesuchten Feld nach oben rechts zeigen. Das ist bei Bild D der Fall.

Aufgabe 16:

💡 Lösungshilfe:
Du siehst kleine Quadrate und ein umgedrehtes T. Manchmal ist das T groß, manchmal ist es klein. Die Größe des T hat Einfluss darauf, wie viele Quadrate im nächsten Bild auftauchen werden.

Korrekt ist hier A. Die Größe des umgedrehten T hat Einfluss darauf, wie viele Quadrate im nächsten Bild auftauchen werden. Ist das T groß, wird im nächsten Feld ein Quadrat mehr auftauchen. Ist es klein, verschwindet im nächsten Feld ein Quadrat. Da das T im ersten Feld groß ist, muss im gesuchten Feld ein Quadrat mehr auftauchen, also zwei Quadrate. Das T muss im gesuchten Feld dann natürlich groß sein, damit sich im dritten Feld drei Quadrate ergeben. Bild 1 muss also richtig sein.

Aufgabe 17:

💡 Lösungshilfe:
Versuche ein Muster in den Zeilen, Spalten oder in den Diagonalen zu erkennen. Hier kannst du immer eine Ansammlung von drei weißen und drei schwarzen Punkten erkennen, die sich von links nach rechts mit jeder Zeile verschiebt. Außerdem befindet sich in jedem Feld ein schwarzer Punkt.

Korrekt ist hier D. Hier kannst du immer eine Ansammlung von drei weißen und drei schwarzen Punkten erkennen, die sich von links nach rechts mit jeder Zeile verschiebt. Außerdem befindet sich in jedem Feld ein schwarzer Punkt. Auch im Lösungsfeld muss sich also ein schwarzer Punkt befinden. Außerdem findet sich dort die Figur aus 6 Punkten.

Aufgabe 18:

Korrekt ist hier A. Hier ist der diagonale Zusammenhang wichtig. Du siehst eine diagonale Reihe, in der sich ein breites Rechteck immer oben links in der Ecke befindet. Dieses Rechteck muss also auch im Lösungsfeld stehen. Im Raster auf der rechten Seite findest du dieses Rechteck an der Position 1B.

Aufgabe 19:

Korrekt ist hier A.

Aufgabe 20:

💡 Lösungshilfe:
Versuche ein Muster in den Zeilen, Spalten oder in den Diagonalen zu erkennen. Die Pfeile der zweiten Zeile zeigen immer die Pfleilrichtung an, die zwischen der Pfeilrichtung ganz oben und der Pfeilrichtung ganz unten liegt.

Korrekt ist hier C. Die Pfeile der zweiten Zeile zeigen immer die Pfleilrichtung an, die zwischen der Pfeilrichtung ganz oben und der Pfeilrichtung ganz unten liegt. Deshalb muss der Pfeil nach links unten zeigen. Das ist in Bild C der Fall.

TestHelden

Selbsteinschätzung
Matrizen II - Test

Auf dieser Seite kannst du deinen Lernfortschritt dokumentieren. Das hilft dir dabei, deinen Lernfortschritt zu reflektieren und ein Gefühl dafür zu bekommen, wie sicher du in diesem Themenbereich bereits bist.

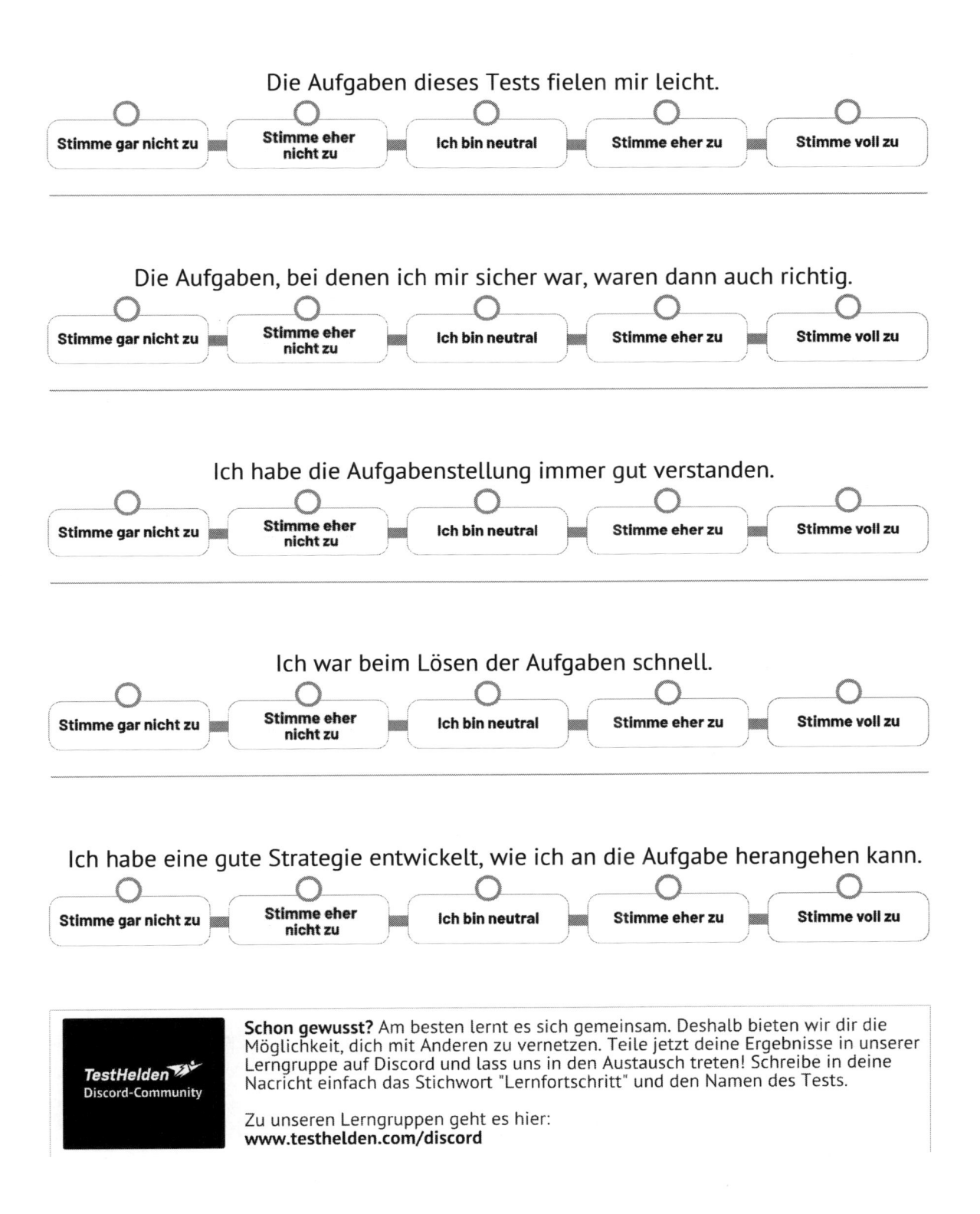

Die Aufgaben dieses Tests fielen mir leicht.

○ Stimme gar nicht zu — ○ Stimme eher nicht zu — ○ Ich bin neutral — ○ Stimme eher zu — ○ Stimme voll zu

Die Aufgaben, bei denen ich mir sicher war, waren dann auch richtig.

○ Stimme gar nicht zu — ○ Stimme eher nicht zu — ○ Ich bin neutral — ○ Stimme eher zu — ○ Stimme voll zu

Ich habe die Aufgabenstellung immer gut verstanden.

○ Stimme gar nicht zu — ○ Stimme eher nicht zu — ○ Ich bin neutral — ○ Stimme eher zu — ○ Stimme voll zu

Ich war beim Lösen der Aufgaben schnell.

○ Stimme gar nicht zu — ○ Stimme eher nicht zu — ○ Ich bin neutral — ○ Stimme eher zu — ○ Stimme voll zu

Ich habe eine gute Strategie entwickelt, wie ich an die Aufgabe herangehen kann.

○ Stimme gar nicht zu — ○ Stimme eher nicht zu — ○ Ich bin neutral — ○ Stimme eher zu — ○ Stimme voll zu

TestHelden Discord-Community

Schon gewusst? Am besten lernt es sich gemeinsam. Deshalb bieten wir dir die Möglichkeit, dich mit Anderen zu vernetzen. Teile jetzt deine Ergebnisse in unserer Lerngruppe auf Discord und lass uns in den Austausch treten! Schreibe in deine Nacricht einfach das Stichwort "Lernfortschritt" und den Namen des Tests.

Zu unseren Lerngruppen geht es hier:
www.testhelden.com/discord

Übung: Zahnrad

Darum geht es in dieser Übung: In diesem Themenbereich findest du verschiedenen Zahnradaufgaben. Dein Lernziel ist es, dir ein räumliches bzw. abstraktes, logisches Denken anzueignen.

🎵 Zu diesem Test findest du Medieninhalte direkt in deinem Online-Kurs.

> Tipp: Wie immer kannst du diese Seite hier nutzen, um dir einige Notizen zu machen. Du kannst zum Beispiel festhalten, welche Erwartungen du an den Test hast, was dir beim Üben aufgefallen ist oder was dir besonders schwer oder leicht gefallen ist.

🚀 Deine Notizen:

Aufgaben

Frage 1:

In welche Richtung dreht sich das markierte Zahnrad?

A: entgegen dem Uhrzeigersinn

B: gar nicht

C: im Uhrzeigersinn

Frage 2:

In welche Richtung dreht sich das markierte Zahnrad?

A: entgegen dem Uhrzeigersinn

B: gar nicht

C: im Uhrzeigersinn

Frage 3:

In welche Richtung dreht sich die letzte Scheibe?

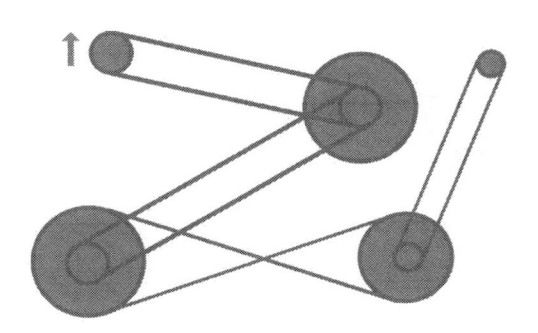

A: im Uhrzeigersinn

B: gegen den Uhrzeigersinn

Frage 4:

In welche Richtung dreht sich die letzte Scheibe?

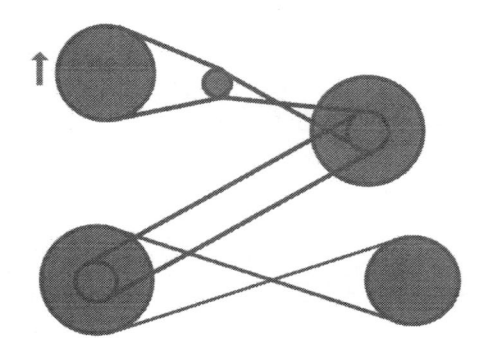

A: im Uhrzeigersinn

B: gegen den Uhrzeigersinn

Frage 5:

In welche Richtung dreht sich das markierte Zahnrad?

A: entgegen dem Uhrzeigersinn

B: gar nicht

C: im Uhrzeigersinn

Frage 6:

Wie viele Scheiben drehen sich gegen den Uhrzeigersinn?

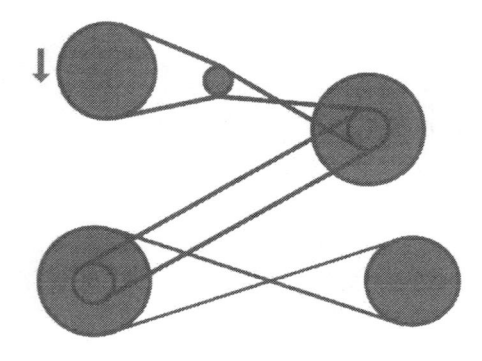

A: 3

B: 4

C: 5

D: 1

Frage 7:

In welche Richtung dreht sich das markierte Zahnrad?

A: entgegen dem Uhrzeigersinn

B: gar nicht

C: im Uhrzeigersinn

Frage 8:

In welche Richtung dreht sich das markierte Zahnrad?

A: entgegen dem Uhrzeigersinn

B: gar nicht

C: im Uhrzeigersinn

Frage 9:

In welche Richtung dreht sich das markierte Zahnrad?

A: entgegen dem Uhrzeigersinn

B: gar nicht

C: im Uhrzeigersinn

Frage 10:

Wie viele Scheiben drehen sich gegen den Uhrzeigersinn? Gemeinsame Scheiben zählen als eine Scheibe.

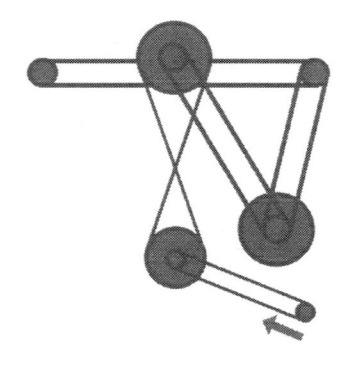

A: 4

B: 5

C: 6

D: 7

Frage 11:

In welche Richtung dreht sich das markierte Zahnrad?

A: entgegen dem Uhrzeigersinn

B: gar nicht

C: im Uhrzeigersinn

Frage 12:

In welche Richtung dreht sich die letzte Scheibe?

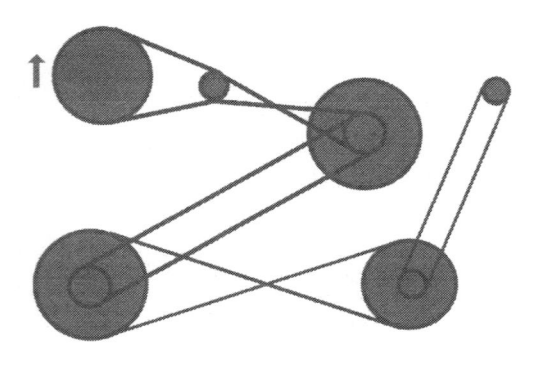

A: im Uhrzeigersinn

B: gegen den Uhrzeigersinn

TestHelden

Frage 13:

In welche Richtung dreht sich das markierte Zahnrad?

A: entgegen dem Uhrzeigersinn

B: gar nicht

C: im Uhrzeigersinn

Frage 14:

In welche Richtung dreht sich das markierte Zahnrad?

A: entgegen dem Uhrzeigersinn

B: gar nicht

C: im Uhrzeigersinn

Frage 15:

In welche Richtung dreht sich das markierte Zahnrad?

A: entgegen dem Uhrzeigersinn

B: gar nicht

C: im Uhrzeigersinn

Frage 16:

In welche Richtung dreht sich das markierte Zahnrad?

A: entgegen dem Uhrzeigersinn

B: gar nicht

C: im Uhrzeigersinn

Frage 17:

In welche Richtung dreht sich das markierte Zahnrad?

A: entgegen dem Uhrzeigersinn

B: gar nicht

C: im Uhrzeigersinn

Frage 18:

In welche Richtung dreht sich die letzte Scheibe?

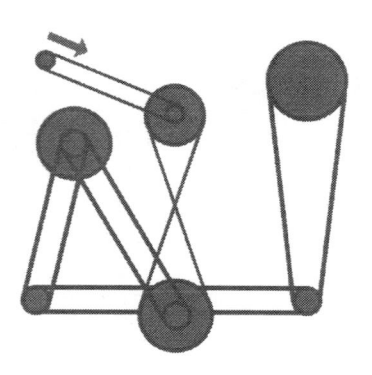

A: im Uhrzeigersinn

B: gegen den Uhrzeigersinn

Frage 19:

In welche Richtung dreht sich die letzte Scheibe?

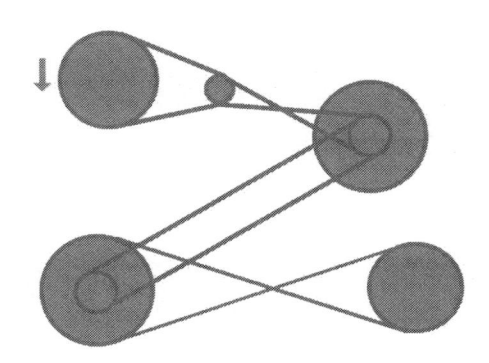

A: im Uhrzeigersinn

B: gegen den Uhrzeigersinn

Frage 20:

In welche Richtung dreht sich die letzte Scheibe?

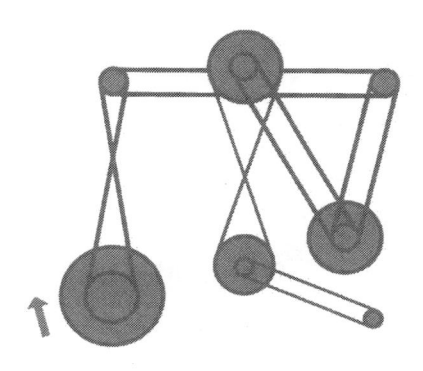

A: im Uhrzeigersinn

B: gegen den Uhrzeigersinn

Lösungen

Aufgabe 1:

Korrekt ist hier C.

Aufgabe 2:

Korrekt ist hier C.

Aufgabe 3:

Korrekt ist hier B.

Aufgabe 4:

Korrekt ist hier A.

Aufgabe 5:

Korrekt ist hier C.

Aufgabe 6:

Korrekt ist hier A.

Aufgabe 7:

Korrekt ist hier A.

Aufgabe 8:

Korrekt ist hier C.

Aufgabe 9:

Korrekt ist hier C.

Aufgabe 10:

Korrekt ist hier A.

Aufgabe 11:

Korrekt ist hier A.

Aufgabe 12:

Korrekt ist hier A.

Aufgabe 13:

Korrekt ist hier C.

Aufgabe 14:

Korrekt ist hier A.

Aufgabe 15:

Korrekt ist hier A.

Aufgabe 16:

Korrekt ist hier C.

Aufgabe 17:

Korrekt ist hier A.

Aufgabe 18:

Korrekt ist hier B.

Aufgabe 19:

Korrekt ist hier B.

Aufgabe 20:

Korrekt ist hier A.

Selbsteinschätzung
Zahnrad - Test

Auf dieser Seite kannst du deinen Lernfortschritt dokumentieren. Das hilft dir dabei, deinen Lernfortschritt zu reflektieren und ein Gefühl dafür zu bekommen, wie sicher du in diesem Themenbereich bereits bist.

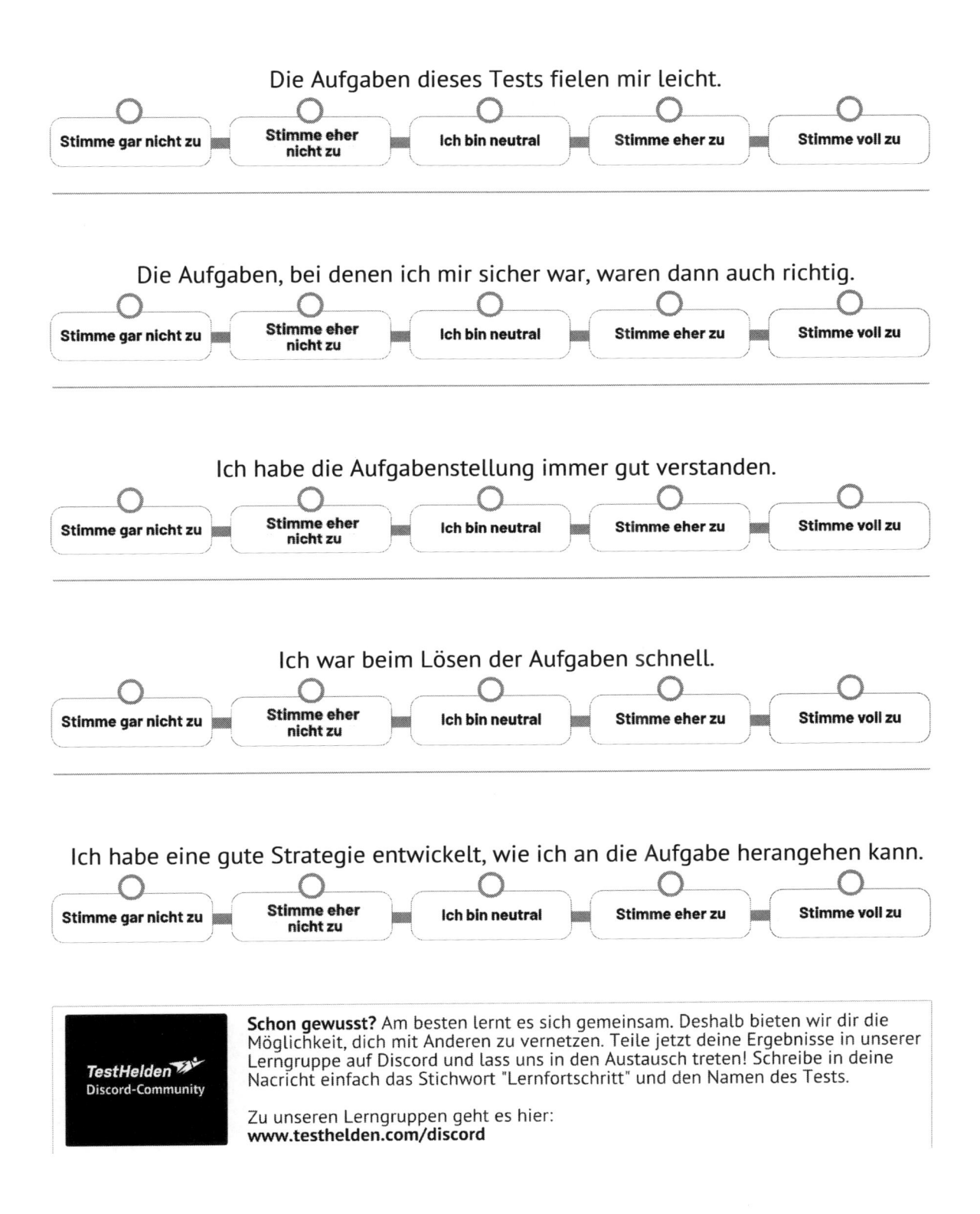

Die Aufgaben dieses Tests fielen mir leicht.

○ Stimme gar nicht zu — ○ Stimme eher nicht zu — ○ Ich bin neutral — ○ Stimme eher zu — ○ Stimme voll zu

Die Aufgaben, bei denen ich mir sicher war, waren dann auch richtig.

○ Stimme gar nicht zu — ○ Stimme eher nicht zu — ○ Ich bin neutral — ○ Stimme eher zu — ○ Stimme voll zu

Ich habe die Aufgabenstellung immer gut verstanden.

○ Stimme gar nicht zu — ○ Stimme eher nicht zu — ○ Ich bin neutral — ○ Stimme eher zu — ○ Stimme voll zu

Ich war beim Lösen der Aufgaben schnell.

○ Stimme gar nicht zu — ○ Stimme eher nicht zu — ○ Ich bin neutral — ○ Stimme eher zu — ○ Stimme voll zu

Ich habe eine gute Strategie entwickelt, wie ich an die Aufgabe herangehen kann.

○ Stimme gar nicht zu — ○ Stimme eher nicht zu — ○ Ich bin neutral — ○ Stimme eher zu — ○ Stimme voll zu

TestHelden Discord-Community

Schon gewusst? Am besten lernt es sich gemeinsam. Deshalb bieten wir dir die Möglichkeit, dich mit Anderen zu vernetzen. Teile jetzt deine Ergebnisse in unserer Lerngruppe auf Discord und lass uns in den Austausch treten! Schreibe in deine Nacricht einfach das Stichwort "Lernfortschritt" und den Namen des Tests.

Zu unseren Lerngruppen geht es hier:
www.testhelden.com/discord

Übung: Zahlenreihe

Darum geht es in dieser Übung: In diesem Themenbereich findest du Aufgaben zum Thema Erkennen und Aufstellen von Zahlenreihen. Dein Lernziel ist es, die Logik einer Zahlenreihe verstehen und weiterzuführen zu können.

♫ Zu diesem Test findest du Medieninhalte direkt in deinem Online-Kurs.

Tipp: Wie immer kannst du diese Seite hier nutzen, um dir einige Notizen zu machen. Du kannst zum Beispiel festhalten, welche Erwartungen du an den Test hast, was dir beim Üben aufgefallen ist oder was dir besonders schwer oder leicht gefallen ist.

🚀 Deine Notizen:

Aufgaben

Frage 1:

Mit welcher Zahl würde diese Zahlenreihe weitergehen?
-49 | -47 | -45 | -43 | -41 | -39

Deine Lösung:

✎ _____

Frage 2:

Mit welcher Zahl würde diese Zahlenreihe weitergehen?
-42 | -36 | -30 | -24 | -18 | -12

Deine Lösung:

✎ _____

Frage 3:

Setze die Zahlenreihe fort. Welche Zahl wäre die nächste Zahl?
-10 | 20 | -40 | 80 | -160 | 320

Deine Lösung:

✎ _____

Frage 4:

Gegeben ist eine Zahlenreihe. Welche Zahl würde in der Zahlenreihe als nächste Zahl kommen?
4 | 10 | 22 | 46 | 94 | 190

Deine Lösung:

✎ _____

Frage 5:

Gegeben ist eine Zahlenreihe. Welche Zahl würde in der Zahlenreihe als nächste Zahl kommen?
1 | 2 | 0 | 4 | -4 | 12

Deine Lösung:

✎ _____

Frage 6:

Welche Zahl setzt die Zahlenreihe logisch fort?
21, 24, 48, 51, 102, 105, ?

Deine Lösung:

✎ _____

Frage 7:

Welche Zahl folgt in dieser Zahlenreihe als nächstes?
-35 | -31 | -25 | -17 | -7 | 5

Deine Lösung:

✎ _____

Frage 8:

Welche Zahl folgt in dieser Zahlenreihe als nächstes?
46 | 53 | 62 | 73 | 86 | 101

Deine Lösung:

✎ _____

Frage 9:

Mit welcher Zahl würde diese Zahlenreihe weitergehen?
46 | 55 | 64 | 73 | 82 | 91

Deine Lösung:

✎ _____

Frage 10:

Mit welcher Zahl würde diese Zahlenreihe weitergehen?
-29 | -24 | -19 | -14 | -9 | -4

Deine Lösung:

_____

Frage 11:

Sieh dir diese Zahlenreihe an. Welche Zahl würde als nächstes kommen?
46 | 37 | 28 | 19 | 10 | 1

Deine Lösung:

_____

Frage 12:

Welche Zahl setzt die Zahlenreihe logisch fort?
1, -2, 10, -20, 100, -200, ?

Deine Lösung:

_____

Frage 13:

Welche Zahl setzt die Zahlenreihe logisch fort?
32, 96, 97, 291, 292, 876, ?

Deine Lösung:

_____

Frage 14:

Welche Zahl folgt in dieser Zahlenreihe als nächstes?
-27 | -21 | -13 | -3 | 9 | 23

Deine Lösung:

_____

Frage 15:

Welche Zahl folgt in dieser Zahlenreihe als nächstes?
-17 | -14 | -8 | 1 | 13 | 28

Deine Lösung:

✎ _____

Frage 16:

Gegeben ist eine Zahlenreihe. Welche Zahl würde in der Zahlenreihe als nächste Zahl kommen?
2 | -2 | 6 | -10 | 22 | -42

Deine Lösung:

✎ _____

Frage 17:

Mit welcher Zahl würde diese Zahlenreihe weitergehen?
-43 | -34 | -25 | -16 | -7 | 2

Deine Lösung:

✎ _____

Frage 18:

Welche Zahl folgt in dieser Zahlenreihe als nächstes?
49 | 53 | 58 | 64 | 71 | 79

Deine Lösung:

✎ _____

Frage 19:

Setze die Zahlenreihe fort. Welche Zahl wäre die nächste Zahl?
3 | 6 | 12 | 24 | 48 | 96

Deine Lösung:

✎ _____

Frage 20:

Mit welcher Zahl lässt sich diese Zahlenreihe fortsetzen?
31 | -37 | 43 | -49 | 55 | -61

Deine Lösung:

✎ _____

Lösungen

Aufgabe 1:

💡 Lösungshilfe:
Die Zahlen ändern sich mit jedem Schritt um 2.

Korrekt ist hier -37. Füge der letzten Zahl der Reihe 2 hinzu – und schon hast du die Lösung.

Aufgabe 2:

💡 Lösungshilfe:
Die Zahlen ändern sich mit jedem Schritt um 6.

Korrekt ist hier -6. Füge der letzten Zahl der Reihe 6 hinzu – und schon hast du die Lösung.

Aufgabe 3:

Korrekt ist hier -640. Multipliziere die letzte Zahl mit -2.

Aufgabe 4:

💡 Lösungshilfe:
Die Zahlen werden in jedem Schritt mit 2 multipliziert und es wird 2 addiert.

Korrekt ist hier 382. Multipliziere die letzte Zahl der Reihe mit 2. Füge dann 2 hinzu.

Aufgabe 5:

💡 Lösungshilfe:
Die Zahlen werden in jedem Schritt mit -2 multipliziert und es wird 4 addiert.

Korrekt ist hier -20. Multipliziere die letzte Zahl der Reihe mit -2. Füge dann 4 hinzu.

Aufgabe 6:
Die richtige Antwort ist: 210

Aufgabe 7:

Korrekt ist hier 19. In jedem Schritt wird 4 addiert und die addierte Zahl (4) um 2 vergrößert.

Aufgabe 8:

Korrekt ist hier 118. In jedem Schritt wird 7 addiert und die addierte Zahl (7) um 2 vergrößert.

Aufgabe 9:

Korrekt ist hier 100. Füge der letzten Zahl der Reihe 9 hinzu – und schon hast du die Lösung.

Aufgabe 10:

Lösungshilfe:
Die Zahlen ändern sich mit jedem Schritt um 5.

Korrekt ist hier 1. Füge der letzten Zahl der Reihe 5 hinzu – und schon hast du die Lösung.

Aufgabe 11:

Lösungshilfe:
Mit jedem Schritt ändert sich die Zahl um -9.

Korrekt ist hier -8. Ziehe 9 von der letzten Zahl ab und du findest die Lösung.

Aufgabe 12:
Die richtige Antwort ist: 1000

Aufgabe 13:
Die richtige Antwort ist: 877

Aufgabe 14:

Korrekt ist hier 39. In jedem Schritt wird 6 addiert und die addierte Zahl (6) um 2 vergrößert.

Aufgabe 15:

Korrekt ist hier 46. In jedem Schritt wird 3 addiert und die addierte Zahl (3) um 3 vergrößert.

Aufgabe 16:

💡 Lösungshilfe:
Die Zahlen werden in jedem Schritt mit -2 multipliziert und es wird 2 addiert.

Korrekt ist hier 86. Multipliziere die letzte Zahl der Reihe mit -2. Füge dann 2 hinzu. Du kommst auf 86, indem du 42*-2 rechnest und dann 2 addierst.

Aufgabe 17:

Korrekt ist hier 11. Füge der letzten Zahl der Reihe 9 hinzu – und schon hast du die Lösung.

Aufgabe 18:

Korrekt ist hier 88. In jedem Schritt wird 4 addiert und die addierte Zahl (4) um 1 vergrößert.

Aufgabe 19:

💡 Lösungshilfe:
Die Zahlen werden in jedem Schritt mit 2 multipliziert.

Korrekt ist hier 192. Multipliziere die letzte Zahl mit 2.

Aufgabe 20:

Korrekt ist hier 67. Mit jedem Schritt wird 6 addiert. Auf positive Zahlen folgen immer negative Zahlen. Und auf negative Zahlen folgen immer positive. Addiere also 6 und ändere das Vorzeichen.

Selbsteinschätzung
Zahlenreihe - Test

Auf dieser Seite kannst du deinen Lernfortschritt dokumentieren. Das hilft dir dabei, deinen Lernfortschritt zu reflektieren und ein Gefühl dafür zu bekommen, wie sicher du in diesem Themenbereich bereits bist.

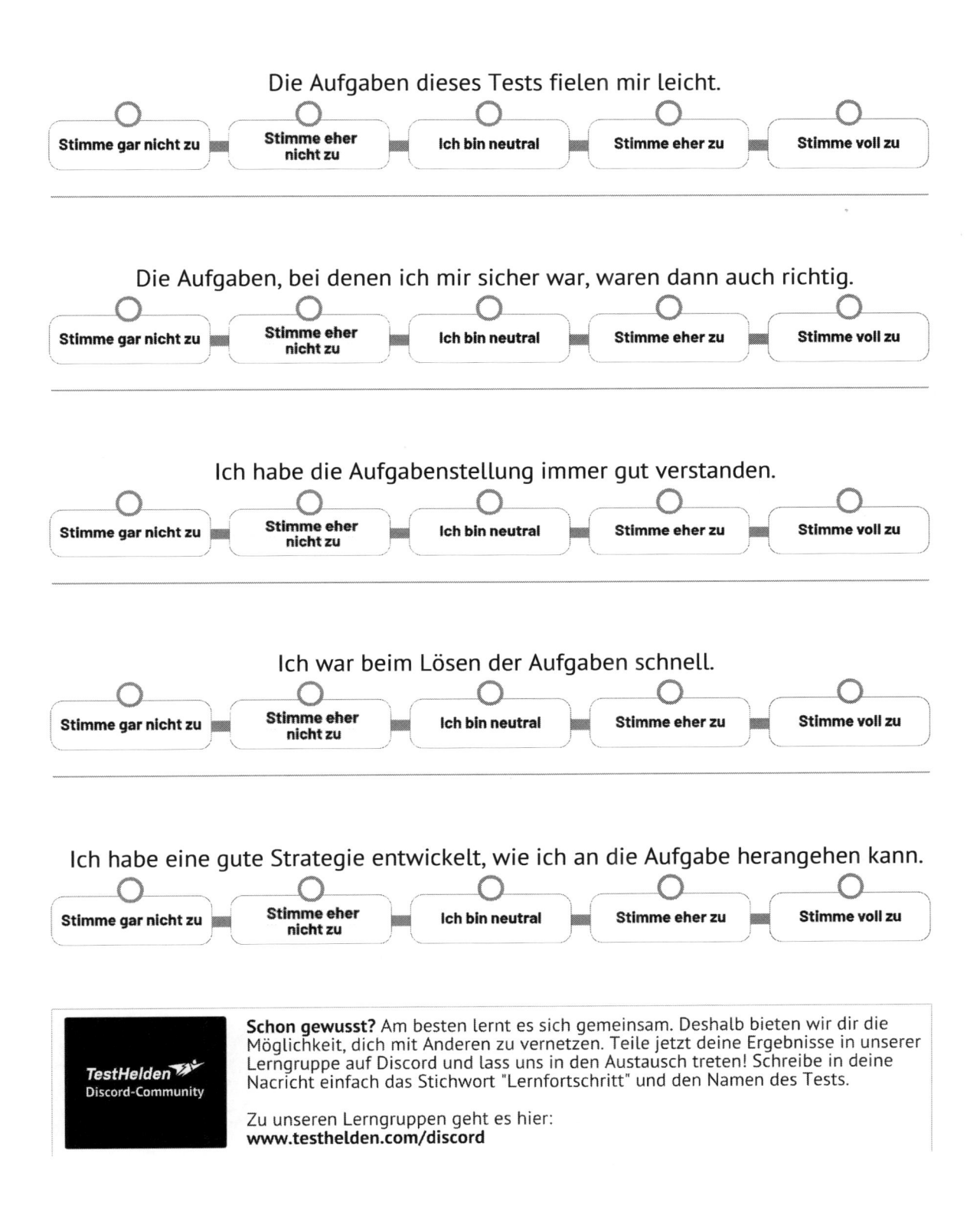

Die Aufgaben dieses Tests fielen mir leicht.

Stimme gar nicht zu — Stimme eher nicht zu — Ich bin neutral — Stimme eher zu — Stimme voll zu

Die Aufgaben, bei denen ich mir sicher war, waren dann auch richtig.

Stimme gar nicht zu — Stimme eher nicht zu — Ich bin neutral — Stimme eher zu — Stimme voll zu

Ich habe die Aufgabenstellung immer gut verstanden.

Stimme gar nicht zu — Stimme eher nicht zu — Ich bin neutral — Stimme eher zu — Stimme voll zu

Ich war beim Lösen der Aufgaben schnell.

Stimme gar nicht zu — Stimme eher nicht zu — Ich bin neutral — Stimme eher zu — Stimme voll zu

Ich habe eine gute Strategie entwickelt, wie ich an die Aufgabe herangehen kann.

Stimme gar nicht zu — Stimme eher nicht zu — Ich bin neutral — Stimme eher zu — Stimme voll zu

TestHelden Discord-Community

Schon gewusst? Am besten lernt es sich gemeinsam. Deshalb bieten wir dir die Möglichkeit, dich mit Anderen zu vernetzen. Teile jetzt deine Ergebnisse in unserer Lerngruppe auf Discord und lass uns in den Austausch treten! Schreibe in deine Nacricht einfach das Stichwort "Lernfortschritt" und den Namen des Tests.

Zu unseren Lerngruppen geht es hier:
www.testhelden.com/discord

Übung: Rechtschreibfehler

Darum geht es in dieser Übung: In diesem Themenbereich findest du Aufgaben zum Erkennen von Rechtschreibfehlern. Dein Lernziel ist es, ein Gespür für Rechtschreibfehler zu bekommen und diese korrigieren zu können.

> Tipp: Wie immer kannst du diese Seite hier nutzen, um dir einige Notizen zu machen. Du kannst zum Beispiel festhalten, welche Erwartungen du an den Test hast, was dir beim Üben aufgefallen ist oder was dir besonders schwer oder leicht gefallen ist.

🚀 Deine Notizen:

Aufgaben

Frage 1:

Welche Variante ist korrekt?

- A: konnträr
- B: konnträr
- C: konträr
- D: kohntrer

Frage 2:

Welche Schreibweise ist korrekt?

- A: Philippinen
- B: Phillippinen
- C: Philippienen
- D: Philipinen

Frage 3:

Welche Schreibweise ist korrekt?

- A: konnsoltiert
- B: konsultiert
- C: kohnsultiert
- D: konnsuhltiert

Frage 4:

Welche Schreibweise ist korrekt?

- A: Portmonae
- B: Portmonnaie
- C: Portmone
- D: Portemonnaie

Frage 5:

Welche Schreibweise ist korrekt?

☐ A: annulieren
☐ B: annullieren
☐ C: anulieren
☐ D: anullieren

Frage 6:

Welche Schreibweise ist korrekt?

☐ A: simulant
☐ B: siemultan
☐ C: simultan
☐ D: simultahn

Frage 7:

Welche Schreibweise ist korrekt?

☐ A: Addresse
☐ B: adresse
☐ C: Adresse
☐ D: Adrese

Frage 8:

Welche Variante ist korrekt?

☐ A: Vorraussetzung
☐ B: Voraussetzung
☐ C: Vorausetzung
☐ D: Vorrausetzung

Frage 9:

Welche Schreibweise ist korrekt?

- A: Unteranderem
- B: unteranderem
- C: unter anderem
- D: unter Anderem

Frage 10:

Welche Schreibweise enthält keinen Rechtschreibfehler?

- A: Widerstand
- B: Wiederstand
- C: Wider-Stand
- D: Wieder stand

Frage 11:

Welche Variante ist korrekt?

- A: Zuchini
- B: Zuccini
- C: Zucchini
- D: Zuchinie

Frage 12:

Welche Schreibweise ist korrekt?

- A: Assymmetrie
- B: Asymmetrie
- C: Assymetrie
- D: Asymetrie

Frage 13:

Welche Schreibweise enthält keinen Rechtschreibfehler?

☐ A: Akupunktur
☐ B: Akkupunktur
☐ C: Akkuppunktur
☐ D: Akuppunktur

Frage 14:

Welche Variante ist korrekt?

☐ A: detalliert
☐ B: detaliert
☐ C: detailiert
☐ D: detailliert

Frage 15:

Welche Variante ist korrekt?

☐ A: konwentionell
☐ B: konventionel
☐ C: konvendionell
☐ D: konventionell

Frage 16:

Welche Variante ist korrekt?

☐ A: apruppt
☐ B: aprupt
☐ C: abrubt
☐ D: abrupt

Frage 17:

Welche Variante ist korrekt?

- A: Reparratur
- B: Reparatur
- C: Reperatur
- D: Repparatur

Frage 18:

Welche Variante ist korrekt?

- A: Herzlich willkommen
- B: herzlich Willkommen
- C: Herzlich Wilkommen
- D: Herzlich Willkommen

Frage 19:

Welche Schreibweise enthält keinen Rechtschreibfehler?

- A: Proknose
- B: Prognose
- C: Proknohse
- D: Prognohse

Frage 20:

Welche Schreibweise enthält keinen Rechtschreibfehler?

- A: ausversehen
- B: aus Versehen
- C: Aus Versehen
- D: Ausversehen

Lösungen

Aufgabe 1:

Korrekt ist hier C.

Aufgabe 2:

Korrekt ist hier A.

Aufgabe 3:

Korrekt ist hier B.

Aufgabe 4:

Korrekt ist hier D.

Aufgabe 5:

Korrekt ist hier B.

Aufgabe 6:

Korrekt ist hier C.

Aufgabe 7:

Korrekt ist hier C.

Aufgabe 8:

Korrekt ist hier B.

Aufgabe 9:

Korrekt ist hier C.

Aufgabe 10:

Korrekt ist hier A.

Aufgabe 11:

Korrekt ist hier C.

Aufgabe 12:

Korrekt ist hier B.

Aufgabe 13:

Korrekt ist hier A.

Aufgabe 14:

Korrekt ist hier D.

Aufgabe 15:

Korrekt ist hier D.

Aufgabe 16:

Korrekt ist hier D.

Aufgabe 17:

Korrekt ist hier B.

Aufgabe 18:

Korrekt ist hier A.

Aufgabe 19:

Korrekt ist hier B.

Aufgabe 20:

Korrekt ist hier B.

Selbsteinschätzung
Rechtschreibfehler - Test

Auf dieser Seite kannst du deinen Lernfortschritt dokumentieren. Das hilft dir dabei, deinen Lernfortschritt zu reflektieren und ein Gefühl dafür zu bekommen, wie sicher du in diesem Themenbereich bereits bist.

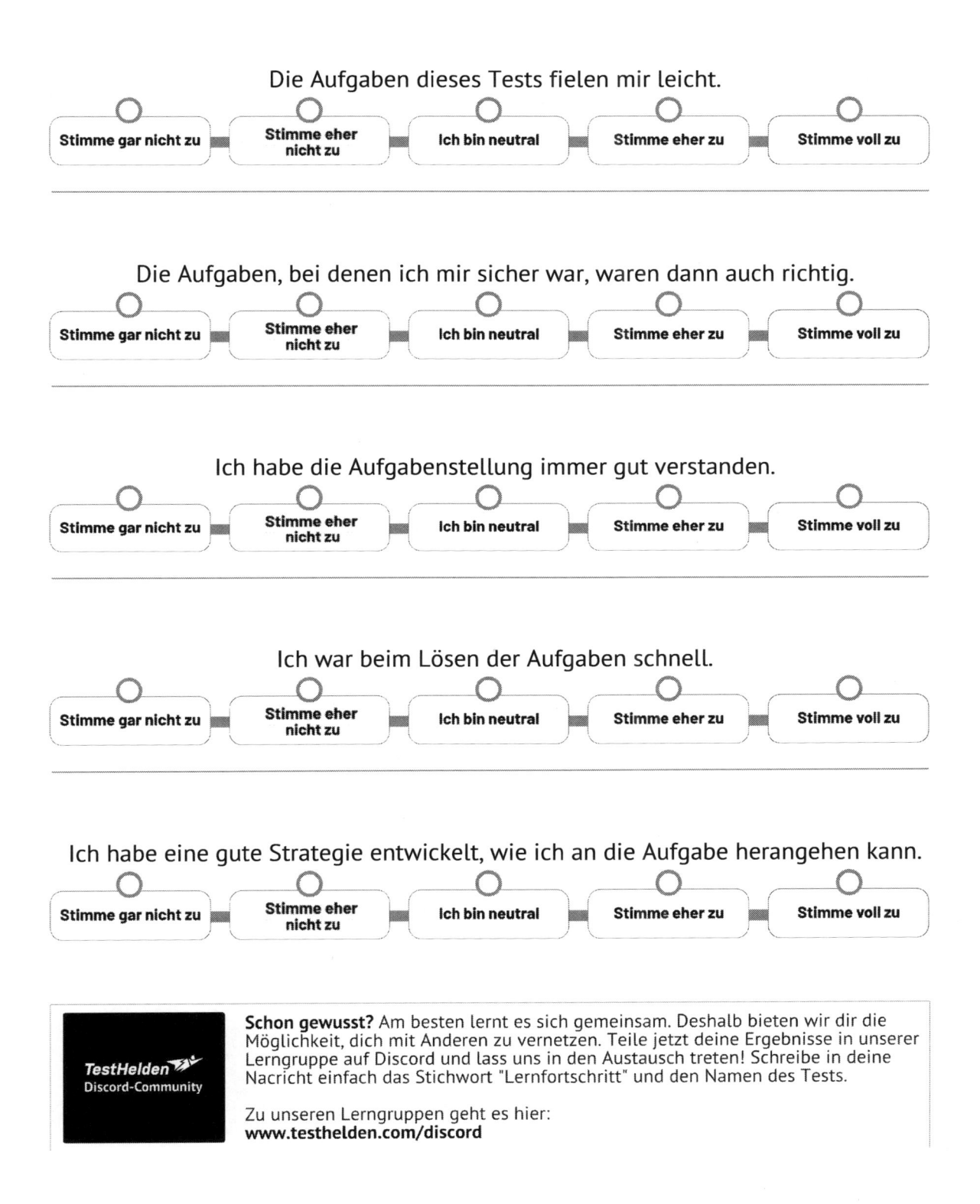

Die Aufgaben dieses Tests fielen mir leicht.

○ Stimme gar nicht zu — ○ Stimme eher nicht zu — ○ Ich bin neutral — ○ Stimme eher zu — ○ Stimme voll zu

Die Aufgaben, bei denen ich mir sicher war, waren dann auch richtig.

○ Stimme gar nicht zu — ○ Stimme eher nicht zu — ○ Ich bin neutral — ○ Stimme eher zu — ○ Stimme voll zu

Ich habe die Aufgabenstellung immer gut verstanden.

○ Stimme gar nicht zu — ○ Stimme eher nicht zu — ○ Ich bin neutral — ○ Stimme eher zu — ○ Stimme voll zu

Ich war beim Lösen der Aufgaben schnell.

○ Stimme gar nicht zu — ○ Stimme eher nicht zu — ○ Ich bin neutral — ○ Stimme eher zu — ○ Stimme voll zu

Ich habe eine gute Strategie entwickelt, wie ich an die Aufgabe herangehen kann.

○ Stimme gar nicht zu — ○ Stimme eher nicht zu — ○ Ich bin neutral — ○ Stimme eher zu — ○ Stimme voll zu

TestHelden Discord-Community

Schon gewusst? Am besten lernt es sich gemeinsam. Deshalb bieten wir dir die Möglichkeit, dich mit Anderen zu vernetzen. Teile jetzt deine Ergebnisse in unserer Lerngruppe auf Discord und lass uns in den Austausch treten! Schreibe in deine Nacricht einfach das Stichwort "Lernfortschritt" und den Namen des Tests.

Zu unseren Lerngruppen geht es hier:
www.testhelden.com/discord

Übung: Deutsche Grammatik

Darum geht es in dieser Übung: In diesem Themenbereich findest du Aufgaben zu der deutschen Grammatik. Dein Lernziel ist es, dein Wissen zur deutschen Grammatik aufzufrischen und auszubauen.

> Tipp: Wie immer kannst du diese Seite hier nutzen, um dir einige Notizen zu machen. Du kannst zum Beispiel festhalten, welche Erwartungen du an den Test hast, was dir beim Üben aufgefallen ist oder was dir besonders schwer oder leicht gefallen ist.

🚀 Deine Notizen:

Aufgaben

Frage 1:

Wie viele Personalpronomen (Singular, Nominativ) hat die deutsche Grammatik?

- ☐ A: 4
- ☐ B: 8
- ☐ C: 5
- ☐ D: 3

Frage 2:

Wie schreibt man "fallen" in der 1. Person Präteritum?

- ☐ A: ich bin gefallen
- ☐ B: ich fiel
- ☐ C: ich gefiel
- ☐ D: ich fal

Frage 3:

Welches beschreibt kein Tempus der deutschen Grammatik?

- ☐ A: Plusquamperfekt
- ☐ B: Präteritum
- ☐ C: Präsens
- ☐ D: Futur III

Frage 4:

Wie viele Fälle hat die deutsche Grammatik?

- ☐ A: 1
- ☐ B: 2
- ☐ C: 3
- ☐ D: 4

Frage 5:

Was ist die Mehrzahl von "der Schal"?

- ☐ A: die Schalen
- ☐ B: die Schale
- ☐ C: die Schales
- ☐ D: die Schäler

Frage 6:

Wie viele Silben hat das Wort "Ausleseverzeichnis"?

- ☐ A: 6
- ☐ B: 4
- ☐ C: 5
- ☐ D: 7

Frage 7:

Bei welchem Wort handelt es sich um ein Adjektiv?

- ☐ A: erlaubest
- ☐ B: geradlinig
- ☐ C: verkaufen
- ☐ D: verneinst

Frage 8:

Wie schreibt man "rächen" in der 1. Person Perfekt?

- ☐ A: ich habe gerächt
- ☐ B: ich wurde gerächt
- ☐ C: ich habe gerächen
- ☐ D: ich hatte gerächt

Frage 9:

Wie viele Silben hat das Wort "voraussichtlich"?

- A: 2
- B: 3
- C: 4
- D: 5

Frage 10:

Welcher Satz steht im Konjunktiv II?

- A: Ich sei sehr begabt.
- B: Ich bin sehr begabt.
- C: Ich wäre sehr begabt.
- D: Ich war sehr begabt.

Frage 11:

Bei welchem Wort handelt es sich um kein Possessivpronomen?

- A: dein
- B: ihre
- C: mein
- D: ihnen

Frage 12:

Wie schreibt man "schieben" in der 1. Person Konjunktiv II?

- A: ich schieb
- B: ich schöbe
- C: ich schiebe
- D: ich würde schieben

Frage 13:

Bei welchem Wort handelt es sich um ein Verb?

- ☐ A: tänzerisch
- ☐ B: scharf
- ☐ C: tüfteln
- ☐ D: übergroß

Frage 14:

Wie schreibt man "vorstellen" in der 2. Person Präsens?

- ☐ A: ich stelle vor
- ☐ B: du stellst vor
- ☐ C: ich stellte vor
- ☐ D: ich habe vorgestellt

Frage 15:

Wie schreibt man "gießen" in der 1. Person Perfekt?

- ☐ A: ich goss
- ☐ B: ich gieß
- ☐ C: ich habe gegossen
- ☐ D: ich hatte gegossen

Frage 16:

Bei welchem Wort handelt es sich um ein Adverb?

- ☐ A: mein
- ☐ B: deshalb
- ☐ C: es
- ☐ D: häuslich

Frage 17:

Wie schreibt man "mieten" in der 1. Person Plusquamperfekt?

- A: ich habe gemietet
- B: ich hatte gemietet
- C: ich mietete
- D: ich werde gemietet haben

Frage 18:

Bei welchem Wort handelt es sich um ein Possessivpronomen?

- A: unser
- B: er
- C: sie
- D: euch

Frage 19:

Wie viele Silben hat das Wort "Konglomerat"?

- A: 2
- B: 5
- C: 4
- D: 3

Frage 20:

Bei welchem Wort handelt es sich um ein Adjektiv?

- A: mitbestimmen
- B: rabattieren
- C: ohnmächtig
- D: polieren

Lösungen

Aufgabe 1:

Korrekt ist hier C.

Aufgabe 2:

Korrekt ist hier B.

Aufgabe 3:

Korrekt ist hier D.

Aufgabe 4:

Korrekt ist hier D.

Aufgabe 5:

Korrekt ist hier B.

Aufgabe 6:

Korrekt ist hier A.

Aufgabe 7:

Korrekt ist hier B.

Aufgabe 8:

Korrekt ist hier A.

Aufgabe 9:

Korrekt ist hier C.

Aufgabe 10:

Korrekt ist hier C.

Aufgabe 11:

Korrekt ist hier D.

Aufgabe 12:

Korrekt ist hier B.

Aufgabe 13:

Korrekt ist hier C.

Aufgabe 14:

Korrekt ist hier B.

Aufgabe 15:

Korrekt ist hier C.

Aufgabe 16:

Korrekt ist hier B.

Aufgabe 17:

Korrekt ist hier B.

Aufgabe 18:

Korrekt ist hier A.

Aufgabe 19:

Korrekt ist hier C.

Aufgabe 20:

Korrekt ist hier C.

Selbsteinschätzung
Deutsche Grammatik - Test

Auf dieser Seite kannst du deinen Lernfortschritt dokumentieren. Das hilft dir dabei, deinen Lernfortschritt zu reflektieren und ein Gefühl dafür zu bekommen, wie sicher du in diesem Themenbereich bereits bist.

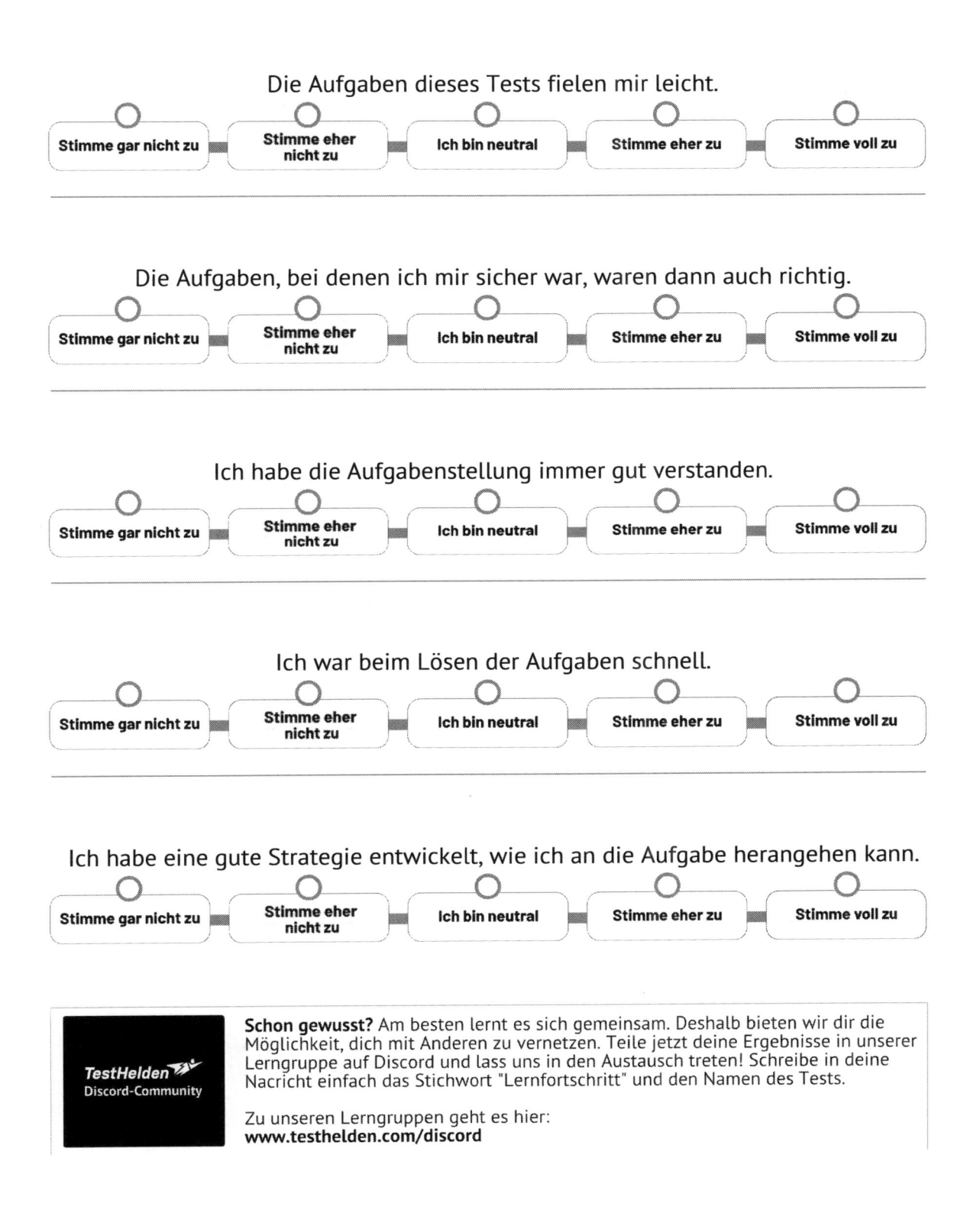

Die Aufgaben dieses Tests fielen mir leicht.
○ Stimme gar nicht zu — ○ Stimme eher nicht zu — ○ Ich bin neutral — ○ Stimme eher zu — ○ Stimme voll zu

Die Aufgaben, bei denen ich mir sicher war, waren dann auch richtig.
○ Stimme gar nicht zu — ○ Stimme eher nicht zu — ○ Ich bin neutral — ○ Stimme eher zu — ○ Stimme voll zu

Ich habe die Aufgabenstellung immer gut verstanden.
○ Stimme gar nicht zu — ○ Stimme eher nicht zu — ○ Ich bin neutral — ○ Stimme eher zu — ○ Stimme voll zu

Ich war beim Lösen der Aufgaben schnell.
○ Stimme gar nicht zu — ○ Stimme eher nicht zu — ○ Ich bin neutral — ○ Stimme eher zu — ○ Stimme voll zu

Ich habe eine gute Strategie entwickelt, wie ich an die Aufgabe herangehen kann.
○ Stimme gar nicht zu — ○ Stimme eher nicht zu — ○ Ich bin neutral — ○ Stimme eher zu — ○ Stimme voll zu

TestHelden Discord-Community

Schon gewusst? Am besten lernt es sich gemeinsam. Deshalb bieten wir dir die Möglichkeit, dich mit Anderen zu vernetzen. Teile jetzt deine Ergebnisse in unserer Lerngruppe auf Discord und lass uns in den Austausch treten! Schreibe in deine Nacricht einfach das Stichwort "Lernfortschritt" und den Namen des Tests.

Zu unseren Lerngruppen geht es hier:
www.testhelden.com/discord

Übung: Textaufgaben

Darum geht es in dieser Übung: In diesem Themenbereich findest du verschiedene Textaufgaben. Dein Lernziel ist es, die mathematische Aufgabe dahinter zu erkennen und zu lösen.

🎵 Zu diesem Test findest du Medieninhalte direkt in deinem Online-Kurs.

> Tipp: Wie immer kannst du diese Seite hier nutzen, um dir einige Notizen zu machen. Du kannst zum Beispiel festhalten, welche Erwartungen du an den Test hast, was dir beim Üben aufgefallen ist oder was dir besonders schwer oder leicht gefallen ist.

🚀 Deine Notizen:

Aufgaben

Frage 1:

Du hast 35,50 Euro. Wie oft kannst du 4 Euro ausgeben?

- ☐ A: 7 Mal
- ☐ B: 8 Mal
- ☐ C: 9 Mal
- ☐ D: 10 Mal

Frage 2:

In einer Woche und 5 Tagen ist Samstag. Welcher Tag war gestern?

- ☐ A: Montag
- ☐ B: Dienstag
- ☐ C: Mittwoch
- ☐ D: Donnerstag

Frage 3:

Felix möchte sich in einem Spielzeugladen eine Ritterburg kaufen. Er hat schon 10 Euro gespart. Sein Onkel hat ihm noch 5 Euro dazugegeben. Das Geld reicht leider noch nicht, denn die Burg kostet das achtfache des Betrages den er hat. Wie viel kostet die Ritterburg?

- ☐ A: 110 Euro
- ☐ B: 120 Euro
- ☐ C: 150 Euro
- ☐ D: 127 Euro

Frage 4:

Zwei Schnellzüge befahren die 600 km lange Strecke zwischen Hamburg und München auf parallelen Gleisen. Zug 1 startet 8:15 Uhr in München und fährt mit einer Geschwindigkeit von 100 km/h. Zug zwei startet zur selben Zeit in Hamburg. Er fährt mit der selben Geschwindigkeit. Nach wie vielen Minuten treffen sich die Züge?

- ☐ A: 180 min
- ☐ B: 2h
- ☐ C: 2:30h
- ☐ D: 4h

Frage 5:

Eine Wespe hat sechs Beine, ein Floh hat ebenso sechs Beine. Vier Wespen und drei Flöhe haben genauso viele Beine, wie 15 Enten und ...?

- ☐ A: 2 Katzen
- ☐ B: 3 Hunde
- ☐ C: 4 Pferde
- ☐ D: 5 Esel

Frage 6:

Ein Land hat insgesamt 8 Einwohner. Niemand, der mehr als 86 Kg schwer ist, kann Kanzler werden. Die Einwohner des Landes sind 91 Kg, 90 Kg, 105 Kg, 87 Kg, 71 Kg, 110 Kg, 150 Kg, 95 Kg schwer. Wie viele Kanzler gibt es?

- ☐ A: 1
- ☐ B: 2
- ☐ C: 3
- ☐ D: 4

Frage 7:

Rudolf ist langsamer als Anna. Anna ist schneller als Jonas. Rudolf ist langsamer als Marco. Marco ist schneller als Anna. Wer ist der schnellste?

- ☐ A: Anna
- ☐ B: Jonas
- ☐ C: Marco
- ☐ D: Rudolf

Frage 8:

Ein Buch hat 420 Seiten. In 14 Lesungen soll das gesamte Buch einmal vorgestellt werden. Zu Beginn jeder Lesung, die immer 90 Minuten dauert, sollen einige Seiten der vorherigen Lesung wiederholt werden. Wie lange können die vorherigen Seiten pro Lesung wiederholt werden, wenn für 3 Seiten immer 8 Minuten benötigt werden?

- ☐ A: 15 min
- ☐ B: 5 min
- ☐ C: 8 min
- ☐ D: 10 min

Frage 9:

Drei Lutscher kosten 20 Cent. Wie viele Lutscher kann man für 3 Euro kaufen?

- ☐ A: 45 Lutscher
- ☐ B: 38 Lutscher
- ☐ C: 21 Lutscher
- ☐ D: 15 Lutscher

Frage 10:

Ein Lebensmittelgeschäft verkauft drei verschiedene Sorten Kaffeebohnen. Die erste Sorte A kostet 12 Euro pro Kilogramm, die zweite Sorte B 16 Euro pro Kilogramm und die dritte Sorte C 20 Euro pro Kilogramm. Ein Kunde möchte 5 Kilogramm eines Kaffees kaufen, der aus den drei Sorten gemischt wurde, und dafür insgesamt 80 Euro ausgeben. Wie viel Kilogramm von jeder Sorte sollten in der Mischung drin sein, wenn er 80 Euro nicht überschreiten möchte?

- ☐ A: A: 2kg, B: 2kg, C: 1kg
- ☐ B: A:5kg, B: 2kg, C: 0kg
- ☐ C: A: 2 kg, B: 3kg, C:2 kg
- ☐ D: A: 3kg, B: 2kg, C: 1kg

Frage 11:

Wenn Mario 80 Cent hat und 25 Cent ausgibt, wie viel behält er übrig?

- ☐ A: 46 Cent
- ☐ B: 52 Cent
- ☐ C: 55 Cent
- ☐ D: 63 Cent

Frage 12:

Multipliziere das Doppelte von 6 mit der Hälfte von 16.

- ☐ A: Ergebnis: 96
- ☐ B: Ergebnis: 69
- ☐ C: Ergebnis: 98
- ☐ D: Ergebnis: 89

Frage 13:

Morgen ist Dienstag. Welcher Tag war vor fünf Tagen?

- A: Montag
- B: Dienstag
- C: Mittwoch
- D: Donnerstag

Frage 14:

Ein Airbus A380 mit einer Reisegeschwidigkeit von 910 km/h fliegt die 3100 km lange Strecke von Mallorca nach Moskau. Pünktlich 8:00 Uhr verlässt der Airbus Palma. Zum gleichen Zeitpunkt startet in Moskau eine voll besetzte Boing 747 mit einer Geschwindigkeit von 1055 km/h und steuert Palma an. Wie lange dauert es, bis sich die Flugzeuge begegnen?

- A: 1437 km
- B: 1734 km
- C: 1347 km
- D: 3741 km

Frage 15:

In zwei Tagen ist Sonntag. Welcher Tag war vor einem Tag?

- A: Montag
- B: Dienstag
- C: Mittwoch
- D: Donnerstag

Frage 16:

Saskia ist leichter als Max, aber schwerer als Hanna. Hanna ist schwerer als Robert. Wer ist der Schwerste?

- A: Hanna
- B: Max
- C: Robert
- D: Saskia

Frage 17:

Du nimmst an einem Triathlon teil. Beim Endspurt überholst du den Sechsten Läufer. Anschließend wirst du jedoch von zwei Weiteren überholt. Auf welchem Platz landest du?

- ☐ A: 5. Platz
- ☐ B: 6. Platz
- ☐ C: 7. Platz
- ☐ D: 8. Platz

Frage 18:

Du nimmst an einem Laufwettbewerb teil. Beim Endspurt überholst du den Vierten und Dritten Läufer. Anschließend wirst du jedoch von drei Weiteren überholt. Auf welchem Platz landest du?

- ☐ A: 4. Platz
- ☐ B: 5. Platz
- ☐ C: 6. Platz
- ☐ D: 7. Platz

Frage 19:

Ein Land hat insgesamt 8 Einwohner. Niemand, der mehr als 95 Kg schwer ist, kann Kanzler werden. Die Einwohner des Landes sind 91 Kg, 90 Kg, 105 Kg, 87 Kg, 71 Kg, 110 Kg, 150 Kg, 95 Kg schwer. Wie viele Kanzler gibt es?

- ☐ A: 2
- ☐ B: 3
- ☐ C: 4
- ☐ D: 5

Frage 20:

Ein Unternehmen hat 240 Mitarbeiter und möchte in jeder Abteilung eine 30-minütige Schulung durchführen. In jeder Abteilung sind 40 Mitarbeiter. Wie viel Zeit wird insgesamt für Schulungen benötigt?

- ☐ A: 120 min
- ☐ B: 180 min
- ☐ C: 240 min
- ☐ D: 300 min

Lösungen

Aufgabe 1:

Korrekt ist hier B. 36 Euro / 4 Euro = 9 Mal, da es aber 35,50 Euro sind, kann nur 8 Mal 4 Euro ausgegeben werden.

Aufgabe 2:

Korrekt ist hier A. Heute ist Dienstag. Gestern war Montag.

Aufgabe 3:

Korrekt ist hier B.

Aufgabe 4:

Korrekt ist hier A. Hier brauchst du die Formel v = s / t. Beide Züge fahren gleichschnell. Wir müssen also nur die Zeit berechnen, die ein Zug benötigt, um die Hälfte der Strecke zurückzulegen. Wenn wir s und v einsetzen, bekommen wir folgende Formel:

t = 300 km / 100 km/h

Das wiederum ergibt 3h. Die Züge treffen sich also nach drei Stunden.

Aufgabe 5:

Korrekt ist hier B. 7 * 6 Beine = 42 Beine. 15 * 2 Beine = 30 Beine. 42 - 30 = 12. Nur 3 Hunde haben 12 Beine.

Aufgabe 6:

Korrekt ist hier A. Einwohner, die nicht mehr als 86 Kg wiegen: 71 Kg. Deswegen gibt es 1 Kanzler.

Aufgabe 7:

Korrekt ist hier C. Marco ist schneller als Anna und Rudolf. Anna ist schneller als Jonas, deswegen kann nur Marco der schnellste sein.

Aufgabe 8:

Korrekt ist hier D.

Aufgabe 9:

Korrekt ist hier A.

Aufgabe 10:

Korrekt ist hier A.

Aufgabe 11:

Korrekt ist hier C.

Aufgabe 12:

Korrekt ist hier A.

Aufgabe 13:

Korrekt ist hier C. Heute ist Montag. 5 Tage zuvor war Mittwoch.

Aufgabe 14:

Korrekt ist hier A. In dem Moment, wo sich beide Flieger treffen, muss die Summe der zurückgelegten Strecke gleich der Gesamtstrecke sein. Wir können also sagen:

$s_1 + s_2 = s$

s_1 und s_2 ergibt sich aus der Formel v*t. Somit ergibt sich:

$s = v_1 * t + v_2 * t$

Die Formel können nach t umstellen:

$t = s / (v_1 + v_2)$
$t = 3100$ km $/ (910$ km/h $+ 1055$ km/h$)$
$t = 1,58$ h

Nun berechnen wir einfach, wieviel Strecke das erste Flugzeug nach 1,58h zurückgelegt hat.

$s = v * t$
$s = 910$ km $/$ h $* 1,58$h
$s = 1437$ km

Aufgabe 15:

Korrekt ist hier D. Heute ist Freitag. 1 Tag zuvor war Donnerstag.

Aufgabe 16:

Korrekt ist hier B. Saskia ist schwerer als Hanna, aber beide sind leichter als Max. Robert ist leichter als Hanna, weswegen Max am schwersten ist.

Aufgabe 17:

Korrekt ist hier D. Wenn du den Sechsten überholst, bist du selbst auf dem sechsten Platz.
Wirst du von 2 Weiteren überholt, landest du auf dem 8. Platz.

Aufgabe 18:

Korrekt ist hier C. Wenn du den Dritten überholst, bist du selbst auf dem dritten Platz. Wirst du von 3 Weiteren überholt, landest du auf dem 6. Platz.

Aufgabe 19:

Korrekt ist hier D. Einwohner, die nicht mehr als 95 Kg wiegen: 91 Kg, 90 Kg, 87 Kg, 71 Kg, 95 Kg. Deswegen gibt es 5 Kanzler.

Aufgabe 20:

Korrekt ist hier B. In einer Abteilung 40 Mitarbeiter. Bei 240 Arbeitnehmern im Unternehmen macht das 240/40=6 Abteilungen. Wenn in 6 Abteilungen jeweils eine 30 minütige Schulung durchgeführt wird macht das 6*30=180 min.

Selbsteinschätzung
Textaufgaben - Test

Auf dieser Seite kannst du deinen Lernfortschritt dokumentieren. Das hilft dir dabei, deinen Lernfortschritt zu reflektieren und ein Gefühl dafür zu bekommen, wie sicher du in diesem Themenbereich bereits bist.

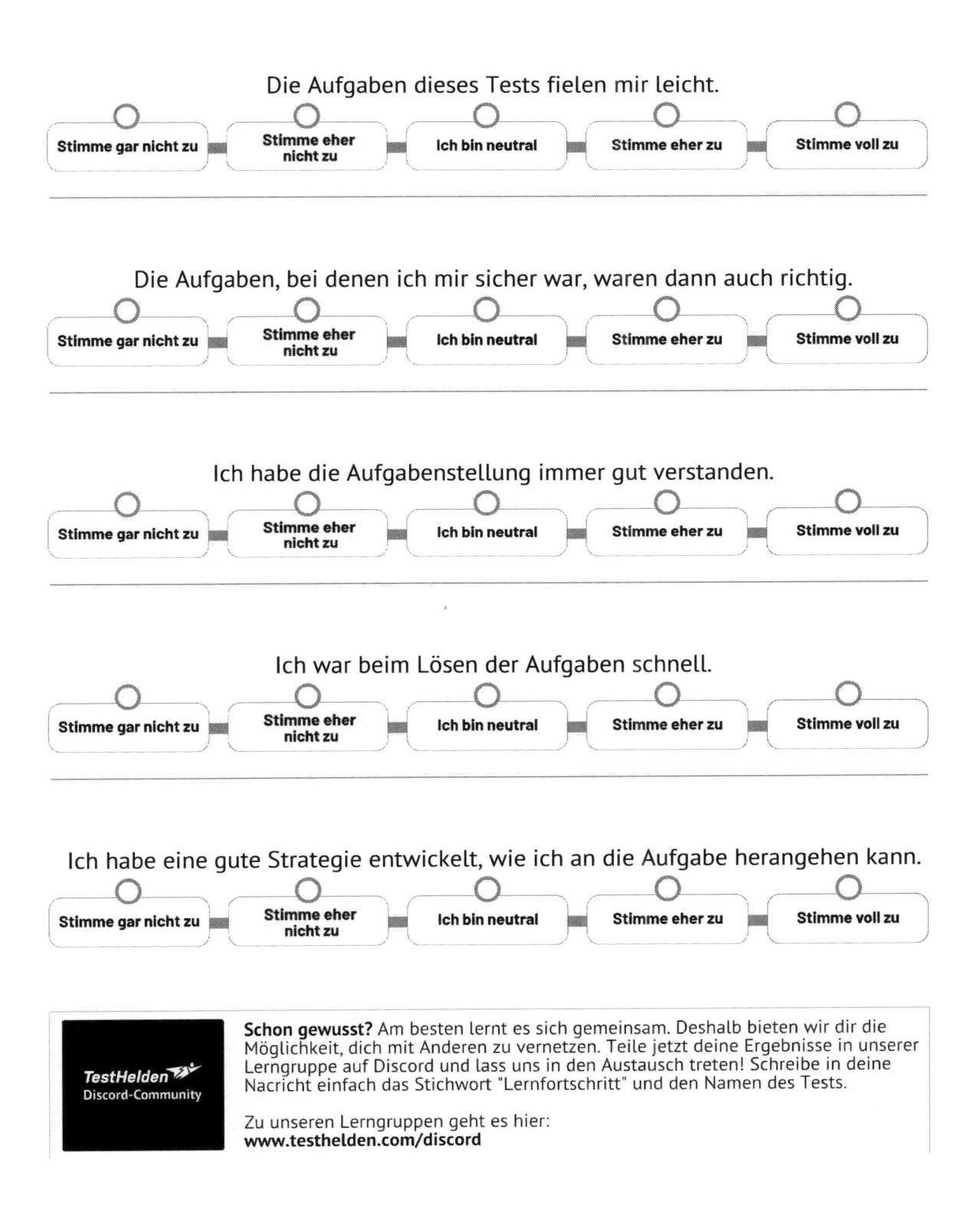

Die Aufgaben dieses Tests fielen mir leicht.

Stimme gar nicht zu — Stimme eher nicht zu — Ich bin neutral — Stimme eher zu — Stimme voll zu

Die Aufgaben, bei denen ich mir sicher war, waren dann auch richtig.

Stimme gar nicht zu — Stimme eher nicht zu — Ich bin neutral — Stimme eher zu — Stimme voll zu

Ich habe die Aufgabenstellung immer gut verstanden.

Stimme gar nicht zu — Stimme eher nicht zu — Ich bin neutral — Stimme eher zu — Stimme voll zu

Ich war beim Lösen der Aufgaben schnell.

Stimme gar nicht zu — Stimme eher nicht zu — Ich bin neutral — Stimme eher zu — Stimme voll zu

Ich habe eine gute Strategie entwickelt, wie ich an die Aufgabe herangehen kann.

Stimme gar nicht zu — Stimme eher nicht zu — Ich bin neutral — Stimme eher zu — Stimme voll zu

TestHelden Discord-Community

Schon gewusst? Am besten lernt es sich gemeinsam. Deshalb bieten wir dir die Möglichkeit, dich mit Anderen zu vernetzen. Teile jetzt deine Ergebnisse in unserer Lerngruppe auf Discord und lass uns in den Austausch treten! Schreibe in deine Nacricht einfach das Stichwort "Lernfortschritt" und den Namen des Tests.

Zu unseren Lerngruppen geht es hier:
www.testhelden.com/discord

Übung: Schlauchfiguren

Darum geht es in dieser Übung: In diesem Test übst du typische Schlauchfiguren-Aufgaben. Es geht besonders darum, dein räumliches Vorstellungsvermögen zu überprüfen. Viel Spaß und gutes Gelingen!

> Tipp: Wie immer kannst du diese Seite hier nutzen, um dir einige Notizen zu machen. Du kannst zum Beispiel festhalten, welche Erwartungen du an den Test hast, was dir beim Üben aufgefallen ist oder was dir besonders schwer oder leicht gefallen ist.

🚀 Deine Notizen:

Aufgaben

Frage 1:

Links im Bild ist die Schlauchfigur von vorn zu sehen. Aus welcher Perspektive wird im rechten Bild auf diese Schlauchfigur geschaut?

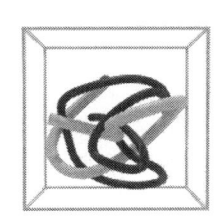

A: Unten

B: Oben

C: Links

D: Rechts

Frage 2:

Links im Bild ist die Schlauchfigur von vorn zu sehen. Aus welcher Perspektive wird im rechten Bild auf diese Schlauchfigur geschaut?

A: Hinten

B: Rechts

C: Oben

D: Unten

Frage 3:

Links im Bild ist die Schlauchfigur von vorn zu sehen. Aus welcher Perspektive wird im rechten Bild auf diese Schlauchfigur geschaut?

A: Links

B: Hinten

C: Rechts

D: Unten

Frage 4:

Links im Bild ist die Schlauchfigur von vorn zu sehen. Aus welcher Perspektive wird im rechten Bild auf diese Schlauchfigur geschaut?

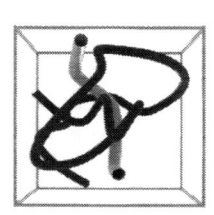

A: Unten

B: Oben

C: Links

D: Rechts

Frage 5:

Links im Bild ist die Schlauchfigur von vorn zu sehen. Aus welcher Perspektive wird im rechten Bild auf diese Schlauchfigur geschaut?

A: Hinten

B: Rechts

C: Oben

D: Unten

Frage 6:

Links im Bild ist die Schlauchfigur von vorn zu sehen. Aus welcher Perspektive wird im rechten Bild auf diese Schlauchfigur geschaut?

A: Oben

B: Rechts

C: Unten

D: Hinten

Frage 7:

Links im Bild ist die Schlauchfigur von vorn zu sehen. Aus welcher Perspektive wird im rechten Bild auf diese Schlauchfigur geschaut?

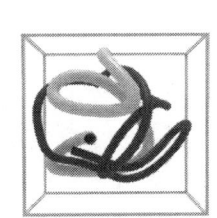

A: Oben

B: Hinten

C: Links

D: Rechts

Frage 8:

Links im Bild ist die Schlauchfigur von vorn zu sehen. Aus welcher Perspektive wird im rechten Bild auf diese Schlauchfigur geschaut?

A: Oben

B: Hinten

C: Links

D: Rechts

Frage 9:

Links im Bild ist die Schlauchfigur von vorn zu sehen. Aus welcher Perspektive wird im rechten Bild auf diese Schlauchfigur geschaut?

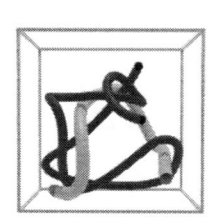

A: Hinten

B: Rechts

C: Oben

D: Links

Frage 10:

Links im Bild ist die Schlauchfigur von vorn zu sehen. Aus welcher Perspektive wird im rechten Bild auf diese Schlauchfigur geschaut?

A: Oben

B: Hinten

C: Links

D: Unten

Frage 11:

Links im Bild ist die Schlauchfigur von vorn zu sehen. Aus welcher Perspektive wird im rechten Bild auf diese Schlauchfigur geschaut?

A: Hinten

B: Rechts

C: Oben

D: Unten

Frage 12:

Links im Bild ist die Schlauchfigur von vorn zu sehen. Aus welcher Perspektive wird im rechten Bild auf diese Schlauchfigur geschaut?

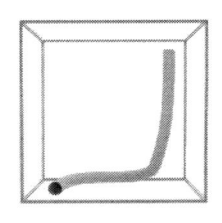

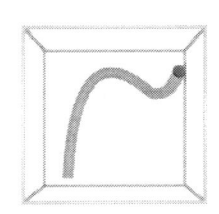

A: Unten

B: Oben

C: Links

D: Rechts

Frage 13:

Links im Bild ist die Schlauchfigur von vorn zu sehen. Aus welcher Perspektive wird im rechten Bild auf diese Schlauchfigur geschaut?

A: Oben

B: Rechts

C: Unten

D: Hinten

Frage 14:

Links im Bild ist die Schlauchfigur von vorn zu sehen. Aus welcher Perspektive wird im rechten Bild auf diese Schlauchfigur geschaut?

A: Oben

B: Rechts

C: Links

D: Hinten

Frage 15:

Links im Bild ist die Schlauchfigur von vorn zu sehen. Aus welcher Perspektive wird im rechten Bild auf diese Schlauchfigur geschaut?

A: Hinten

B: Rechts

C: Oben

D: Links

Frage 16:

Links im Bild ist die Schlauchfigur von vorn zu sehen. Aus welcher Perspektive wird im rechten Bild auf diese Schlauchfigur geschaut?

A: Links

B: Hinten

C: Rechts

D: Oben

Frage 17:

Links im Bild ist die Schlauchfigur von vorn zu sehen. Aus welcher Perspektive wird im rechten Bild auf diese Schlauchfigur geschaut?

A: Links

B: Hinten

C: Rechts

D: Oben

Frage 18:

Links im Bild ist die Schlauchfigur von vorn zu sehen. Aus welcher Perspektive wird im rechten Bild auf diese Schlauchfigur geschaut?

A: Oben

B: Rechts

C: Unten

D: Hinten

Frage 19:

Links im Bild ist die Schlauchfigur von vorn zu sehen. Aus welcher Perspektive wird im rechten Bild auf diese Schlauchfigur geschaut?

A: Links

B: Hinten

C: Rechts

D: Oben

Frage 20:

Links im Bild ist die Schlauchfigur von vorn zu sehen. Aus welcher Perspektive wird im rechten Bild auf diese Schlauchfigur geschaut?

A: Unten

B: Oben

C: Links

D: Hinten

Lösungen

Aufgabe 1:

Korrekt ist hier D.

Aufgabe 2:

Korrekt ist hier B.

Aufgabe 3:

Korrekt ist hier D.

Aufgabe 4:

Korrekt ist hier A.

Aufgabe 5:

Korrekt ist hier C.

Aufgabe 6:

Korrekt ist hier D.

Aufgabe 7:

Korrekt ist hier D.

Aufgabe 8:

Korrekt ist hier B.

Aufgabe 9:

Korrekt ist hier D.

Aufgabe 10:

Korrekt ist hier C.

Aufgabe 11:

Korrekt ist hier B.

Aufgabe 12:

Korrekt ist hier B.

Aufgabe 13:

Korrekt ist hier D.

Aufgabe 14:

Korrekt ist hier C.

Aufgabe 15:

Korrekt ist hier D.

Aufgabe 16:

Korrekt ist hier D.

Aufgabe 17:

Korrekt ist hier D.

Aufgabe 18:

Korrekt ist hier D.

Aufgabe 19:

Korrekt ist hier D.

Aufgabe 20:

Korrekt ist hier D.

Selbsteinschätzung
Schlauchfiguren - Test

Auf dieser Seite kannst du deinen Lernfortschritt dokumentieren. Das hilft dir dabei, deinen Lernfortschritt zu reflektieren und ein Gefühl dafür zu bekommen, wie sicher du in diesem Themenbereich bereits bist.

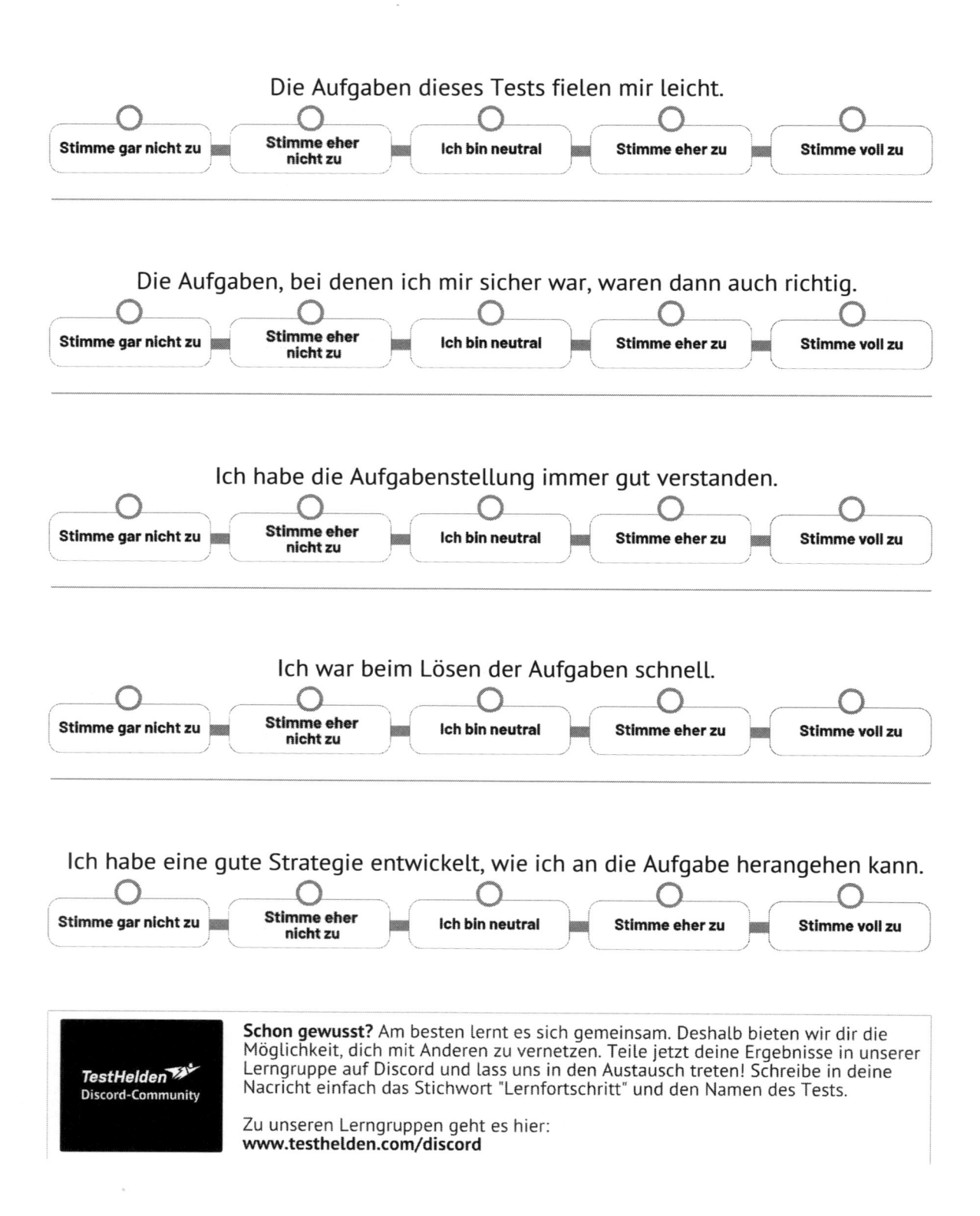

Die Aufgaben dieses Tests fielen mir leicht.

○ Stimme gar nicht zu — ○ Stimme eher nicht zu — ○ Ich bin neutral — ○ Stimme eher zu — ○ Stimme voll zu

Die Aufgaben, bei denen ich mir sicher war, waren dann auch richtig.

○ Stimme gar nicht zu — ○ Stimme eher nicht zu — ○ Ich bin neutral — ○ Stimme eher zu — ○ Stimme voll zu

Ich habe die Aufgabenstellung immer gut verstanden.

○ Stimme gar nicht zu — ○ Stimme eher nicht zu — ○ Ich bin neutral — ○ Stimme eher zu — ○ Stimme voll zu

Ich war beim Lösen der Aufgaben schnell.

○ Stimme gar nicht zu — ○ Stimme eher nicht zu — ○ Ich bin neutral — ○ Stimme eher zu — ○ Stimme voll zu

Ich habe eine gute Strategie entwickelt, wie ich an die Aufgabe herangehen kann.

○ Stimme gar nicht zu — ○ Stimme eher nicht zu — ○ Ich bin neutral — ○ Stimme eher zu — ○ Stimme voll zu

TestHelden Discord-Community

Schon gewusst? Am besten lernt es sich gemeinsam. Deshalb bieten wir dir die Möglichkeit, dich mit Anderen zu vernetzen. Teile jetzt deine Ergebnisse in unserer Lerngruppe auf Discord und lass uns in den Austausch treten! Schreibe in deine Nacricht einfach das Stichwort "Lernfortschritt" und den Namen des Tests.

Zu unseren Lerngruppen geht es hier:
www.testhelden.com/discord

Übung: Lage im Raum

Darum geht es in dieser Übung: Dir wird eine geometrische Anordnung aus verschiedenen Perspektiven gezeigt. Finde heraus, auf welcher der Abbildungen nicht nur die Perspektive, sondern die Anordnung der Figur verändert wurde.

Tipp: Wie immer kannst du diese Seite hier nutzen, um dir einige Notizen zu machen. Du kannst zum Beispiel festhalten, welche Erwartungen du an den Test hast, was dir beim Üben aufgefallen ist oder was dir besonders schwer oder leicht gefallen ist.

🚀 Deine Notizen:

Aufgaben

Frage 1:

In welcher dieser Abbildungen hat sich die Lage im Raum verändert?

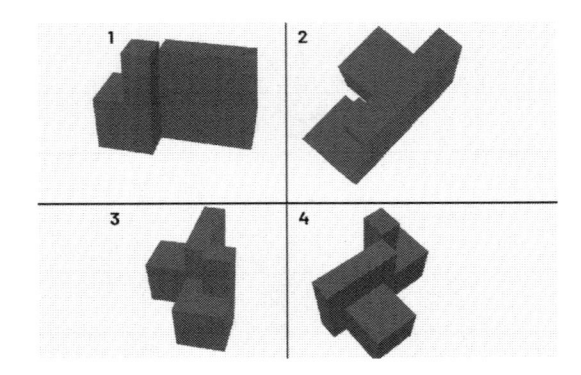

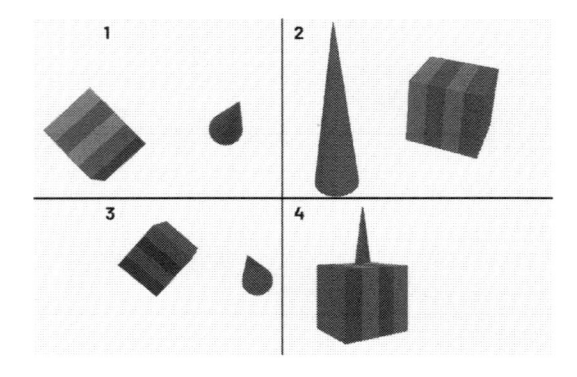

A: Abbildung 1

B: Abbildung 2

C: Abbildung 3

D: Abbildung 4

Frage 2:

In welcher dieser Abbildungen hat sich die Lage im Raum verändert?

A: Abbildung 1

B: Abbildung 2

C: Abbildung 3

D: Abbildung 4

Frage 3:

In welcher dieser Abbildungen hat sich die Lage im Raum verändert?

A: Abbildung 1

B: Abbildung 2

C: Abbildung 3

D: Abbildung 4

Frage 4:

In welcher dieser Abbildungen hat sich die Lage im Raum verändert?

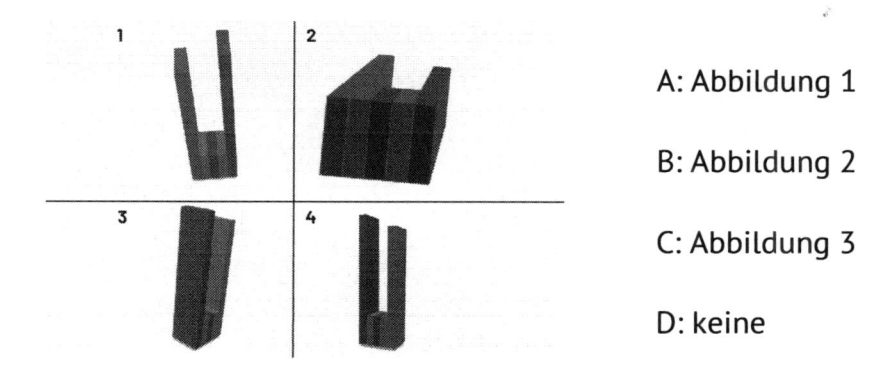

A: Abbildung 1

B: Abbildung 2

C: Abbildung 3

D: keine

Frage 5:

In welcher dieser Abbildungen hat sich die Lage im Raum verändert?

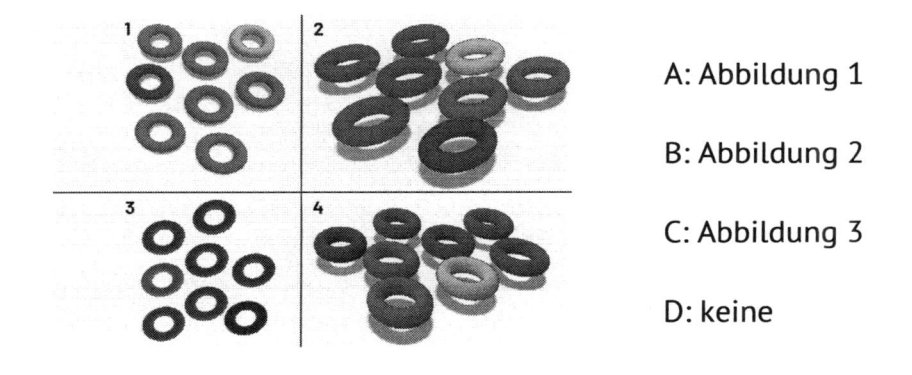

A: Abbildung 1

B: Abbildung 2

C: Abbildung 3

D: keine

Frage 6:

In welcher dieser Abbildungen hat sich die Lage im Raum verändert?

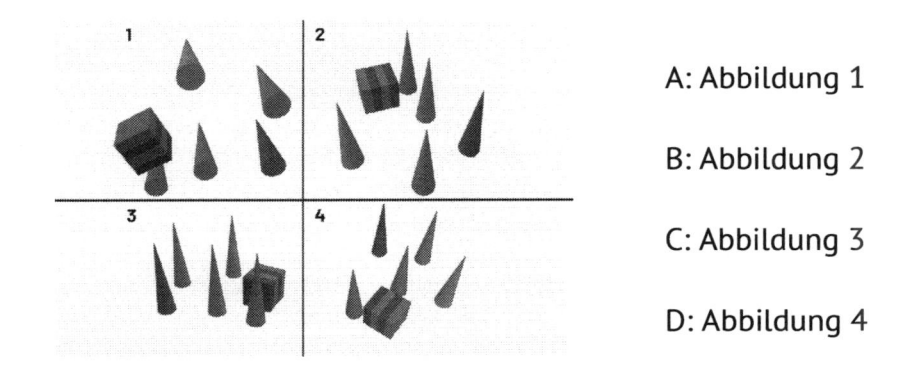

A: Abbildung 1

B: Abbildung 2

C: Abbildung 3

D: Abbildung 4

Frage 7:

In welcher dieser Abbildungen hat sich die Lage im Raum verändert?

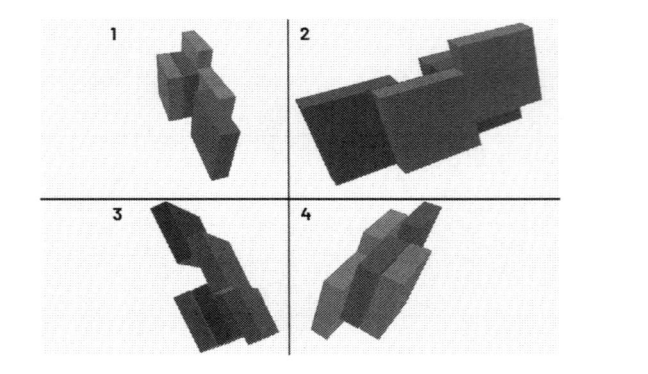

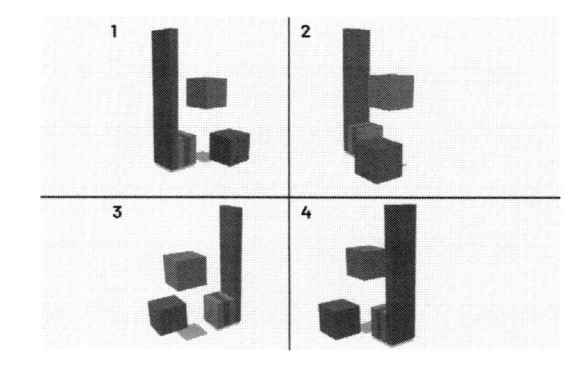

A: Abbildung 1

B: Abbildung 2

C: Abbildung 3

D: keine

Frage 8:

In welcher dieser Abbildungen hat sich die Lage im Raum verändert?

A: Abbildung 1

B: Abbildung 2

C: Abbildung 3

D: Abbildung 4

Lösungen

Aufgabe 1:

💡 Lösungshilfe:
Wichtig zu beachten: Es ist egal, ob die Figur vergrößert oder gedreht wurde. Entscheidend ist, ob die Anordnung der Figur sich im Raum verändert hat. Das ist z.B. dann der Fall, wenn sich Teile der Figur an einer anderen Position befinden, als sie sein müssten.

Korrekt ist hier B. Achte auf die große gemeinsame "Wand" des Gebildes. Sie bildet nur auf einer der Abbildungen eine gemeinsame Fläche.

Aufgabe 2:

Korrekt ist hier C. Der einzelne rote Stift befindet sich nur auf einer der Abbildungen links neben dem Zahnrad. Sonst befindet er sich immer rechts.

Aufgabe 3:

Korrekt ist hier A. Betrachte die Färbung des Würfels. Normalerweise zeigt die grüne Fläche in Richtung des spitzen Objekts. Bei einem Bild zeigt jedoch die rote Farbe zum spitzen Objekt.

Aufgabe 4:

Korrekt ist hier B. Die lange rote Fläche ist eigentlich immer länger als die blaue Fläche. Nur auf einer der Abbildungen ist das anders.

Aufgabe 5:

Korrekt ist hier A. Beachte die Position der grünen Reifen. Nur auf einer der Abbildungen bilden die grünen Reifen gemeinsam mit dem roten Reifen eine Gruppe.

Aufgabe 6:

Korrekt ist hier D. Nur auf einer der Abbildungen bildet die Kante des Würfels gemeinsam mit den grünen spitzen Objekten eine Linie.

Aufgabe 7:

Korrekt ist hier D. Das war eine Fangfrage. Hier wurde keine der Figuren verändert.

Aufgabe 8:

Korrekt ist hier D. Achte auf den roten Würfel. Er steht immer rechts von den anderen Objekten. Außer in Abbildung 4.

Selbsteinschätzung
Lage im Raum - Test

Auf dieser Seite kannst du deinen Lernfortschritt dokumentieren. Das hilft dir dabei, deinen Lernfortschritt zu reflektieren und ein Gefühl dafür zu bekommen, wie sicher du in diesem Themenbereich bereits bist.

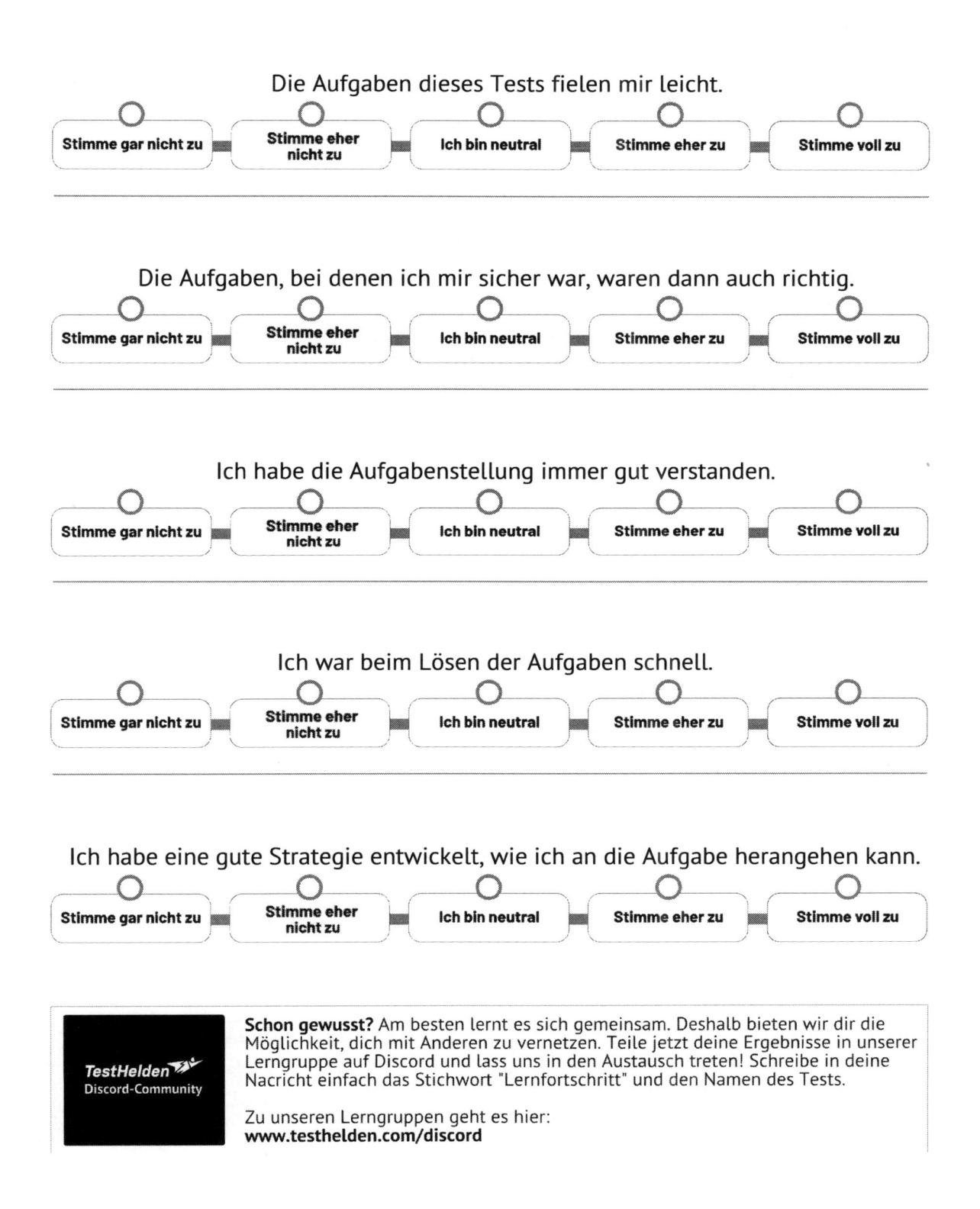

Die Aufgaben dieses Tests fielen mir leicht.

○ Stimme gar nicht zu — ○ Stimme eher nicht zu — ○ Ich bin neutral — ○ Stimme eher zu — ○ Stimme voll zu

Die Aufgaben, bei denen ich mir sicher war, waren dann auch richtig.

○ Stimme gar nicht zu — ○ Stimme eher nicht zu — ○ Ich bin neutral — ○ Stimme eher zu — ○ Stimme voll zu

Ich habe die Aufgabenstellung immer gut verstanden.

○ Stimme gar nicht zu — ○ Stimme eher nicht zu — ○ Ich bin neutral — ○ Stimme eher zu — ○ Stimme voll zu

Ich war beim Lösen der Aufgaben schnell.

○ Stimme gar nicht zu — ○ Stimme eher nicht zu — ○ Ich bin neutral — ○ Stimme eher zu — ○ Stimme voll zu

Ich habe eine gute Strategie entwickelt, wie ich an die Aufgabe herangehen kann.

○ Stimme gar nicht zu — ○ Stimme eher nicht zu — ○ Ich bin neutral — ○ Stimme eher zu — ○ Stimme voll zu

TestHelden Discord-Community

Schon gewusst? Am besten lernt es sich gemeinsam. Deshalb bieten wir dir die Möglichkeit, dich mit Anderen zu vernetzen. Teile jetzt deine Ergebnisse in unserer Lerngruppe auf Discord und lass uns in den Austausch treten! Schreibe in deine Nacricht einfach das Stichwort "Lernfortschritt" und den Namen des Tests.

Zu unseren Lerngruppen geht es hier:
www.testhelden.com/discord

Übung: Texte merken I

Darum geht es in dieser Übung: Präge dir den folgenden Text gut ein. Anschließend beantwortest du Fragen zum Text.

Im Rahmen eines routinemäßig erfolgenden Verkehrskontrolldienstes wurde ein beabsichtigter Verstoß festgestellt: Ein Autofahrer fuhr mit seinem Kraftfahrzeug in eine Vorfahrtsstraße ein und konnte daher den ordnungsgemäßen Verkehrsablauf fur die wartenden Kraftfahrzeuge nicht gewährleisten, welche noch durch die Kreuzung fahren sollten. Der Autofahrer wurde entsprechend des Straßenverkehrsgesetzes 1933 §§ 1-6 dazu aufgefordert, dem Gesetzgeber die Grundlagen für eine weitergehende Überprüfung des Vorfalls zu liefern. Dazu gehörte unter Anderem die Vorlage des Führerscheins, des Kraftfahrzeugscheins, der aktuellen Zulassungs- und Versicherungsunterlagen sowie die Angaben zur voraussichtlichen Fahrzeit. Darüber hinaus notierte der Beamte die amtliche Kennung des Kraftfahrzeuges auf der vorgelegten Verkehrsordnungsuntersuchungsakte. Nach sorgfältiger Prüfung der vorgelegten Unterlagen und der zutreffenden Tatbestandsaufklärung stellte der Beamte die Berechtigung zur Weiterfahrt aus.

Tipp: Wenn du diesen Test am Computer oder im Buch bearbeitest, decke den Text einfach ab, nachdem du dir ihn eingeprägt hast. Versuche in jedem Fall, die Fragen zu beantworten, ohne den Text erneut zu lesen.

> Tipp: Wie immer kannst du diese Seite hier nutzen, um dir einige Notizen zu machen. Du kannst zum Beispiel festhalten, welche Erwartungen du an den Test hast, was dir beim Üben aufgefallen ist oder was dir besonders schwer oder leicht gefallen ist.

🚀 Deine Notizen:

Aufgaben

Frage 1:

Der Fahrer musste Angaben zur voraussichtlichen _____ machen.

Deine Lösung:

✎ _____

Frage 2:

Die Zulassungsbescheinigung I musste vorgezeigt werden.

- ☐ A: Die Aussage ist korrekt.
- ☐ B: Die Aussage ist falsch.
- ☐ C: Dazu gibt es im Text keine Angabe.

Frage 3:

Welche Unterlagen musste der Fahrer NICHT vorzeigen?

- ☐ A: Führerschein
- ☐ B: Fahrerlaubnis
- ☐ C: Zulassungsunterlagen
- ☐ D: Versicherungsunterlagen

Frage 4:

Der Fahrer des KfZ war ...

- ☐ A: ein älterer Herr
- ☐ B: eine ältere Frau
- ☐ C: ein junger Mann
- ☐ D: Dazu gibt es im Text keine Angabe.

Frage 5:

In welche Art von Straße ist der Fahrer des Kfz eingebogen?

- ☐ A: In eine Vorfahrtsstraße.
- ☐ B: In eine Einbahnstraße.
- ☐ C: In eine Seitenstraße
- ☐ D: Dazu gibt es im Text keine Angabe.

Frage 6:

Wie wird der im Text genannte Gesetzestext bezeichnet?

- ☐ A: Straßenverkehrsgesetz
- ☐ B: Straßenverkehrsordnung
- ☐ C: StVO
- ☐ D: Straßenzulassungsverordnung

Frage 7:

Kontrollen (wie die im Text genannte) werden regelmäßig durchgeführt.

- ☐ A: Die Aussage ist korrekt.
- ☐ B: Die Aussage ist falsch.
- ☐ C: Dazu gibt es im Text keine Angabe.

Frage 8:

Der Beamte hat sich Notizen auf _____ gemacht.

- ☐ A: der Verkehrsordnungsuntersuchungsakte
- ☐ B: dem Unfallprotokoll
- ☐ C: der Protokollakte
- ☐ D: dem Verkehrsuntersuchungsprotokoll

Frage 9:

Was hat der Beamte notiert?

- ☐ A: amtliches Kennzeichen
- ☐ B: Führerscheinnummer
- ☐ C: Fahrzeug-ID
- ☐ D: TÜV-Nummer

Frage 10:

Die Tatbestandsaufklärung ...

- ☐ A: wurde abgebrochen.
- ☐ B: traf zu.
- ☐ C: blieb ungeklärt.
- ☐ D: erwies sich als falsch.

Lösungen

Aufgabe 1:

Korrekt ist hier Fahrzeit.

Aufgabe 2:

Korrekt ist hier A. Achtung: Im Text wird vom "Kraftfahrzeugscheins". Dieser wird auch als Zulassungsbescheinigung I benannt. Die Frage ist also eine Fangfrage.

Aufgabe 3:

Korrekt ist hier B.

Aufgabe 4:

Korrekt ist hier D.

Aufgabe 5:

Korrekt ist hier A.

Aufgabe 6:

Korrekt ist hier A.

Aufgabe 7:

Korrekt ist hier A.

Aufgabe 8:

Korrekt ist hier A.

Aufgabe 9:

Korrekt ist hier A.

Aufgabe 10:

Korrekt ist hier B.

Selbsteinschätzung
Texte merken I - Test

Auf dieser Seite kannst du deinen Lernfortschritt dokumentieren. Das hilft dir dabei, deinen Lernfortschritt zu reflektieren und ein Gefühl dafür zu bekommen, wie sicher du in diesem Themenbereich bereits bist.

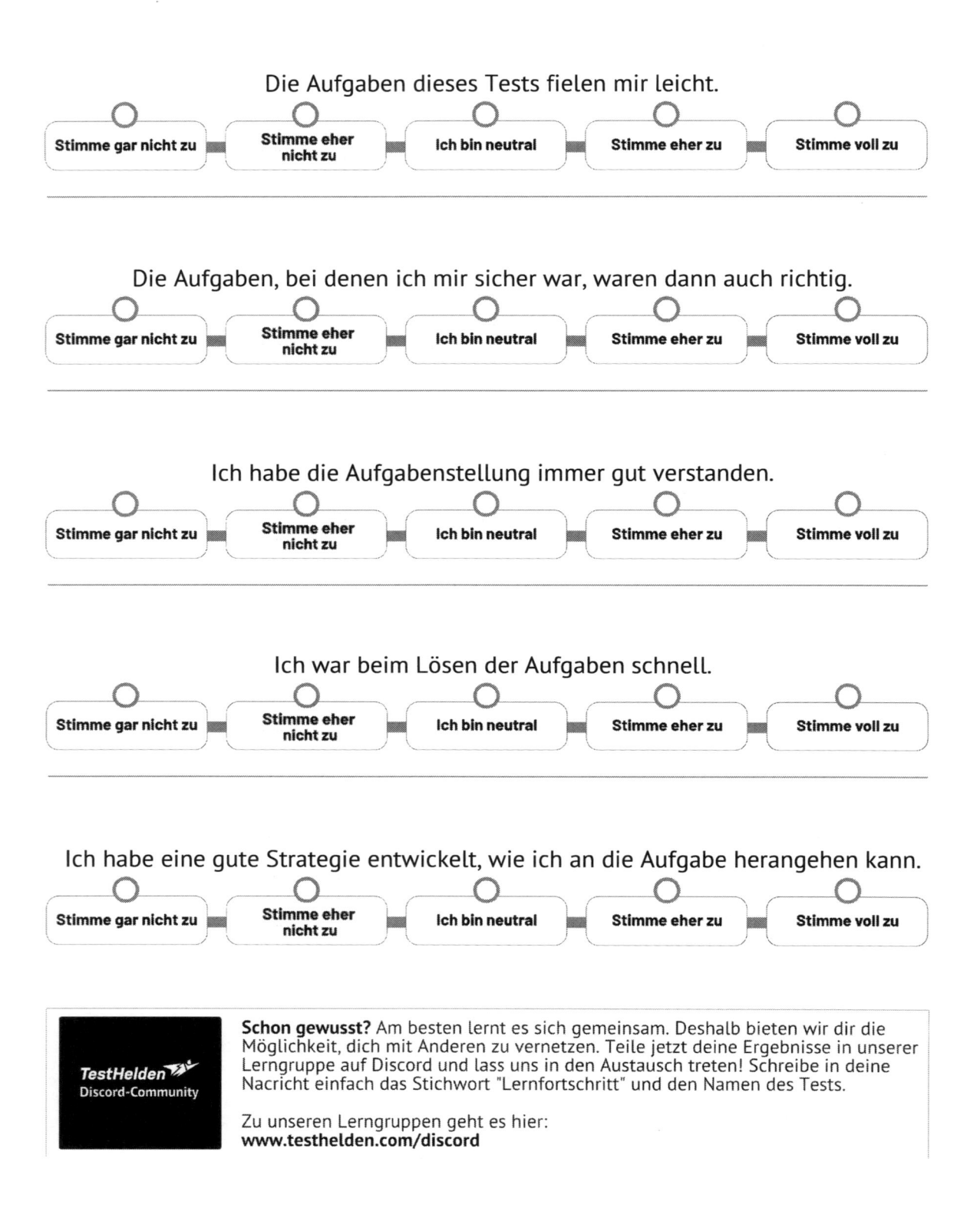

Die Aufgaben dieses Tests fielen mir leicht.

○ Stimme gar nicht zu — ○ Stimme eher nicht zu — ○ Ich bin neutral — ○ Stimme eher zu — ○ Stimme voll zu

Die Aufgaben, bei denen ich mir sicher war, waren dann auch richtig.

○ Stimme gar nicht zu — ○ Stimme eher nicht zu — ○ Ich bin neutral — ○ Stimme eher zu — ○ Stimme voll zu

Ich habe die Aufgabenstellung immer gut verstanden.

○ Stimme gar nicht zu — ○ Stimme eher nicht zu — ○ Ich bin neutral — ○ Stimme eher zu — ○ Stimme voll zu

Ich war beim Lösen der Aufgaben schnell.

○ Stimme gar nicht zu — ○ Stimme eher nicht zu — ○ Ich bin neutral — ○ Stimme eher zu — ○ Stimme voll zu

Ich habe eine gute Strategie entwickelt, wie ich an die Aufgabe herangehen kann.

○ Stimme gar nicht zu — ○ Stimme eher nicht zu — ○ Ich bin neutral — ○ Stimme eher zu — ○ Stimme voll zu

---

TestHelden Discord-Community

Schon gewusst? Am besten lernt es sich gemeinsam. Deshalb bieten wir dir die Möglichkeit, dich mit Anderen zu vernetzen. Teile jetzt deine Ergebnisse in unserer Lerngruppe auf Discord und lass uns in den Austausch treten! Schreibe in deine Nacricht einfach das Stichwort "Lernfortschritt" und den Namen des Tests.

Zu unseren Lerngruppen geht es hier:
www.testhelden.com/discord

Übung: Texte merken II

Darum geht es in dieser Übung: Präge dir den folgenden Text gut ein. Anschließend beantwortest du Fragen zum Text.

Bei einer anhaltenden Warnmeldung der Brandmeldeanlage eines Gebäudekomplexes in der Hainstraße gegenüber der Einkaufspassage "Arkaden Süd" wurde der alarmierte Rettungsdienst in der Abendstunde des Sonntags umgehend zur Unterstützung in Marsch gesetzt. Nach der Ankunft wurden entsprechend den Rettungsmaßnahmen folgende protokollarischen Schritte, vor Ort, eingeleitet: Lagebeurteilung, Gebäudenachschau, Personensuche, Patientenbetreuung und Evakuierung, Brandbekämpfung und Schlauchvorbereitung, unter Einhaltung der Sicherheitsbestimmungen. Die alarmierten Einheiten aus der Direktion 15 stellten fest, dass eine ausgedehnte Rauchentwicklung innerhalb des Gebäudekomplexes am Ort des Geschehens wahrgenommen wurde. Nach der Übernahme der Einsatzleitung wurden die im Gebäude befindlichen Personen und Tiere (zwei ältere Damen, ein Hund, eine fünfköpfige Familie mit zwei Söhnen und einer Tochter) gerettet und zur Erstversorgung an die Angehörigen des Rettungsdienstes des Stadtteils Nord übergeben.
Der Einsatz wurde erfolgreich abgearbeitet und unter Einhaltung der vorgegebenen Richtlinien innerhalb von achtundzwanzig Minuten abgeschlossen.

Tipp: Wenn du diesen Test am Computer oder im Buch bearbeitest, decke den Text einfach ab, nachdem du dir ihn eingeprägt hast. Versuche in jedem Fall, die Fragen zu beantworten, ohne den Text erneut zu lesen.

> Tipp: Wie immer kannst du diese Seite hier nutzen, um dir einige Notizen zu machen. Du kannst zum Beispiel festhalten, welche Erwartungen du an den Test hast, was dir beim Üben aufgefallen ist oder was dir besonders schwer oder leicht gefallen ist.

🚀 Deine Notizen:
_____
_____
_____
_____
_____
_____
_____
_____
_____
_____
_____

Aufgaben

Frage 1:

An welchem Tag fand das Ereignis statt?

- ☐ A: Samstag
- ☐ B: Sonntag
- ☐ C: Montag
- ☐ D: Dazu gibt es im Text keine Angabe.

Frage 2:

Gib die Anzahl der geretteten Personen (ohne Tiere) an.

- ☐ A: 7

Frage 3:

Der Einsatz wurde durch die Direktion _ _ durchgeführt.

Deine Lösung:

✎ _____

Frage 4:

Die geltenden Sicherheitsbestimmungen konnten nicht eingehalten werden, da die Lage spontane Handlungen erforderte.

- ☐ A: Die Aussage ist korrekt.
- ☐ B: Die Aussage ist falsch.
- ☐ C: Dazu gibt es im Text keine Angabe.

Frage 5:

Was war vom Brand betroffen?

- ☐ A: Ein Gebäude.
- ☐ B: Ein Gebäudekomplex.
- ☐ C: Eine Wohnung
- ☐ D: Dazu gibt es im Text keine Angabe.

Frage 6:

Im Gebäude befand sich ein Hund.

- ☐ A: Die Aussage ist korrekt.
- ☐ B: Die Aussage ist falsch.
- ☐ C: Dazu gibt es im Text keine Angabe.

Frage 7:

Der Einsatz dauerte weniger als eine halbe Stunde.

- ☐ A: Die Aussage ist korrekt.
- ☐ B: Die Aussage ist falsch.
- ☐ C: Dazu gibt es im Text keine Angabe.

Frage 8:

Welche Straße war Ort des Geschehens? Die ...

Deine Lösung:

✎ _____

Frage 9:

Im Nachhinein beurteilt die Feuerwehr den Einsatz als...

- ☐ A: erfolgreich.
- ☐ B: gescheitert.
- ☐ C: ausstehend.
- ☐ D: einmaligen Fall.

Frage 10:

Wodurch ist die Feuer auf den Brand aufmerksam geworden?

- ☐ A: Rufe aus den Fenstern.
- ☐ B: Ein Anwohner hat die Feuerwehr angerufen.
- ☐ C: Ein Brandmelder hat Alarm geschlagen.
- ☐ D: Dazu gibt es im Text keine Angabe.

Frage 11:

Zu welcher Uhrzeit fand das Ereignis statt?

- ☐ A: Abends
- ☐ B: Morgens
- ☐ C: Mittags
- ☐ D: Dazu gibt es im Text keine Angabe.

Frage 12:

Wo wurde die Erstversorung durchgeführt?

- ☐ A: vor Ort.
- ☐ B: in einem Rettungsdienst eines Stadtteils.
- ☐ C: in einem RTW.

Frage 13:

Welcher dieser Schritte wurde nicht durchgeführt?

- ☐ A: Lagebeurteilung
- ☐ B: Brandbekämpfung
- ☐ C: Evakuierung
- ☐ D: Brandursachenermittlung

Frage 14:

Es wurde eine Gebäudenachschau durchgeführt.

- ☐ A: Die Aussage ist korrekt.
- ☐ B: Die Aussage ist falsch.
- ☐ C: Dazu gibt es im Text keine Angabe.

Lösungen

Aufgabe 1:

Korrekt ist hier B.

Aufgabe 2:

Korrekt ist hier B.

Aufgabe 3:

Korrekt ist hier 15.

Aufgabe 4:

Korrekt ist hier B.

Aufgabe 5:

Korrekt ist hier B.

Aufgabe 6:

Korrekt ist hier A.

Aufgabe 7:

Korrekt ist hier A.

Aufgabe 8:

Korrekt ist hier Hainstraße.

Aufgabe 9:

Korrekt ist hier A.

Aufgabe 10:

Korrekt ist hier C.

Aufgabe 11:

Korrekt ist hier A.

Aufgabe 12:

Korrekt ist hier B.

Aufgabe 13:

Korrekt ist hier D.

Aufgabe 14:

Korrekt ist hier A.

Selbsteinschätzung
Texte merken II - Test

Auf dieser Seite kannst du deinen Lernfortschritt dokumentieren. Das hilft dir dabei, deinen Lernfortschritt zu reflektieren und ein Gefühl dafür zu bekommen, wie sicher du in diesem Themenbereich bereits bist.

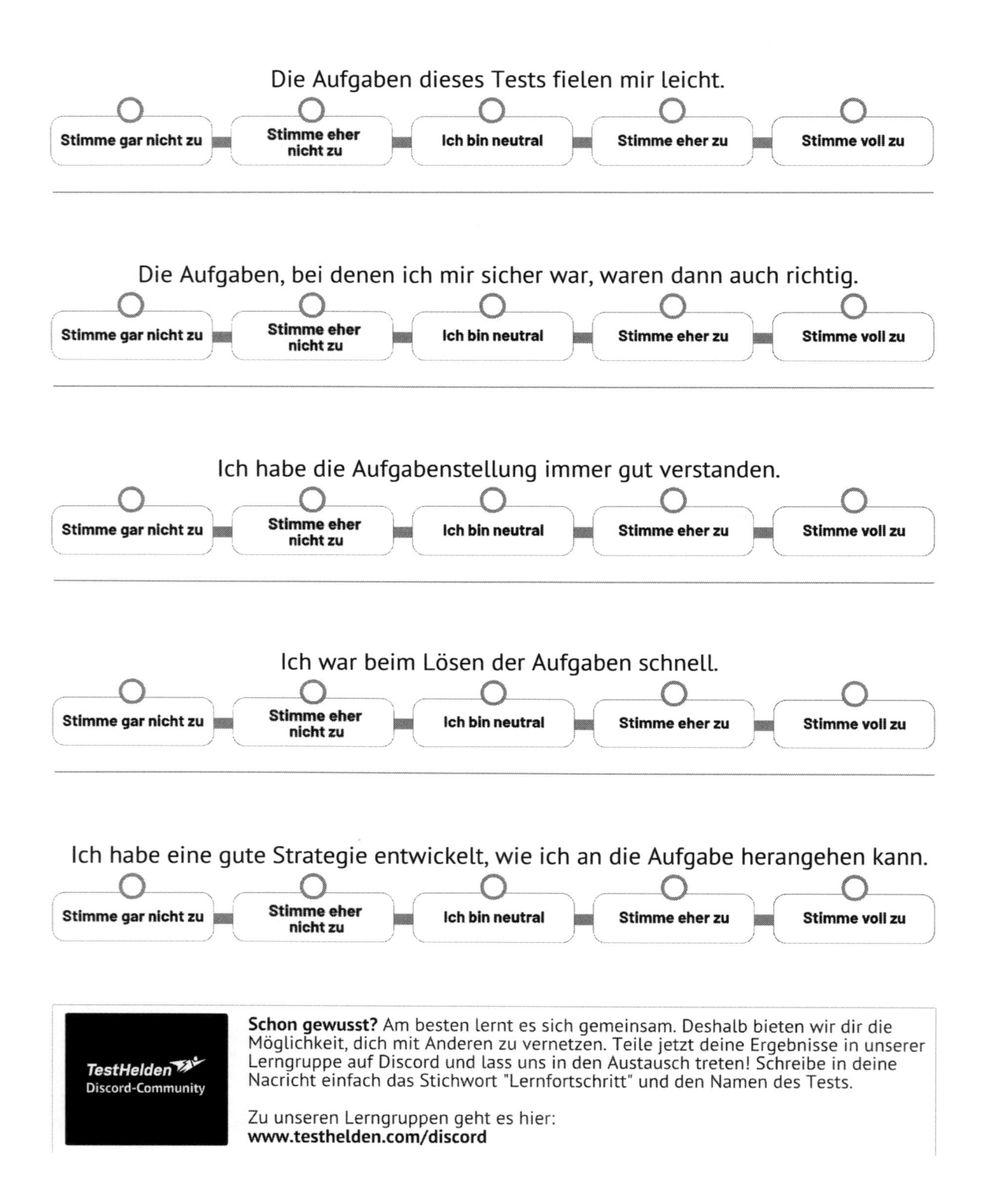

Die Aufgaben dieses Tests fielen mir leicht.

○ Stimme gar nicht zu — ○ Stimme eher nicht zu — ○ Ich bin neutral — ○ Stimme eher zu — ○ Stimme voll zu

Die Aufgaben, bei denen ich mir sicher war, waren dann auch richtig.

○ Stimme gar nicht zu — ○ Stimme eher nicht zu — ○ Ich bin neutral — ○ Stimme eher zu — ○ Stimme voll zu

Ich habe die Aufgabenstellung immer gut verstanden.

○ Stimme gar nicht zu — ○ Stimme eher nicht zu — ○ Ich bin neutral — ○ Stimme eher zu — ○ Stimme voll zu

Ich war beim Lösen der Aufgaben schnell.

○ Stimme gar nicht zu — ○ Stimme eher nicht zu — ○ Ich bin neutral — ○ Stimme eher zu — ○ Stimme voll zu

Ich habe eine gute Strategie entwickelt, wie ich an die Aufgabe herangehen kann.

○ Stimme gar nicht zu — ○ Stimme eher nicht zu — ○ Ich bin neutral — ○ Stimme eher zu — ○ Stimme voll zu

---

TestHelden Discord-Community

Schon gewusst? Am besten lernt es sich gemeinsam. Deshalb bieten wir dir die Möglichkeit, dich mit Anderen zu vernetzen. Teile jetzt deine Ergebnisse in unserer Lerngruppe auf Discord und lass uns in den Austausch treten! Schreibe in deine Nacricht einfach das Stichwort "Lernfortschritt" und den Namen des Tests.

Zu unseren Lerngruppen geht es hier:
www.testhelden.com/discord

Übung: Flächen zählen

Darum geht es in dieser Übung: In diesem Themenbereich werden dir verschiedenen, dreidimensionale Formen gegeben, bei denen du die Flächen zählen musst. Dein Lernziel ist es, dir ein räumliches Denkvermögen und eine gründliche Arbeitsweise anzueignen. Beachte bitte, dass unsichtbare Flächen zusammenhängend sein können. Diese Flächen werden dann als genau eine Fläche gezählt. Häufig wird auch die Grundfläche vergessen - achte also darauf, dass du auch diese in deiner Berechnung beachtest.

♪ Zu diesem Test findest du Medieninhalte direkt in deinem Online-Kurs.

> Tipp: Wie immer kannst du diese Seite hier nutzen, um dir einige Notizen zu machen. Du kannst zum Beispiel festhalten, welche Erwartungen du an den Test hast, was dir beim Üben aufgefallen ist oder was dir besonders schwer oder leicht gefallen ist.

🚀 Deine Notizen:

Aufgaben

Frage 1:

Wie viele Flächen hat die gezeigte Figur? Bitte bedenke, dass nicht alle Flächen sichtbar sein müssen.

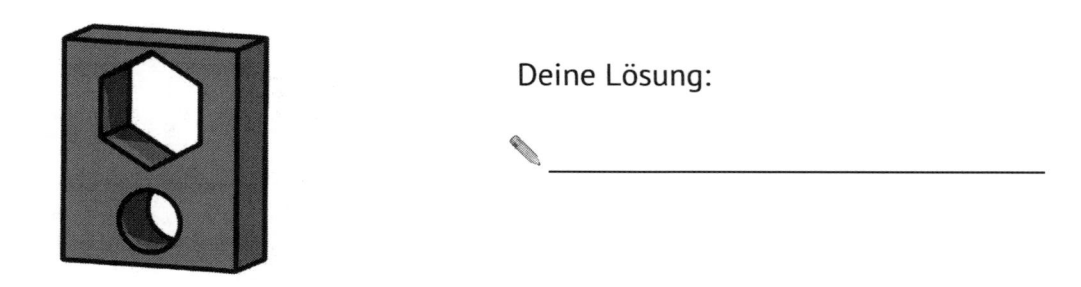

Deine Lösung:

✎ _____

Frage 2:

Wie viele Flächen hat diese Figur? Bitte bedenke, dass nicht alle Flächen sichtbar sein müssen.

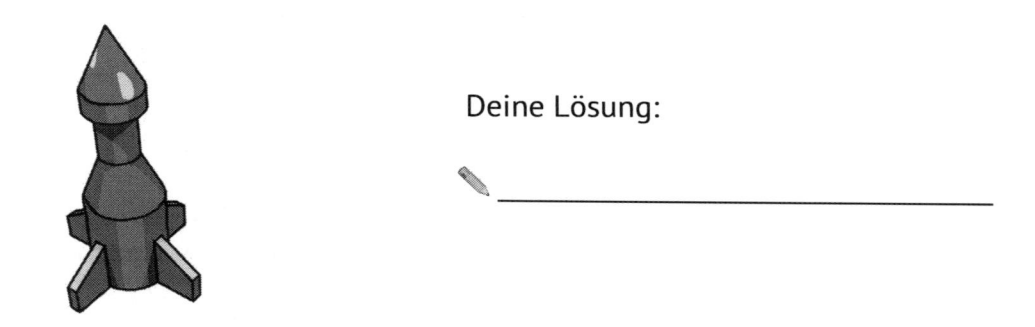

Deine Lösung:

✎ _____

Frage 3:

Wie viele Flächen hat die gezeigte Figur? Bitte bedenke, dass nicht alle Flächen sichtbar sein müssen.

Deine Lösung:

✎ _____

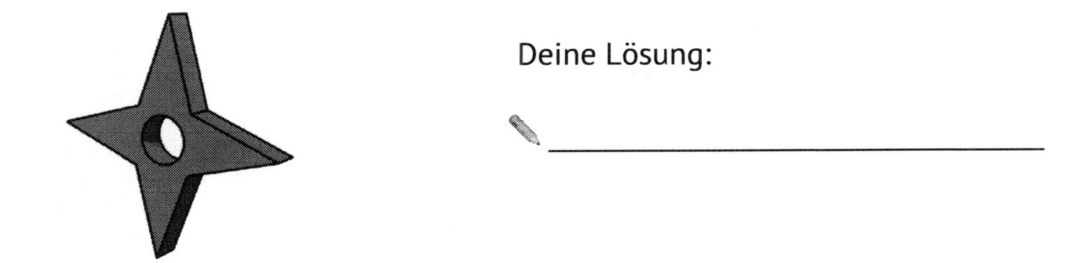

Frage 4:

Wie viele Flächen hat die gezeigte Figur? Bitte bedenke, dass nicht alle Flächen sichtbar sein müssen.

Deine Lösung:

✎ _____

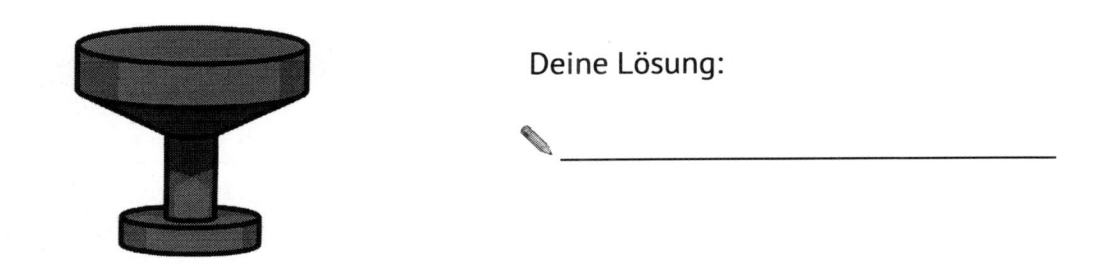

Frage 5:

Wie viele Flächen hat die gezeigte Figur? Bitte bedenke, dass nicht alle Flächen sichtbar sein müssen.

Deine Lösung:

✎ _____

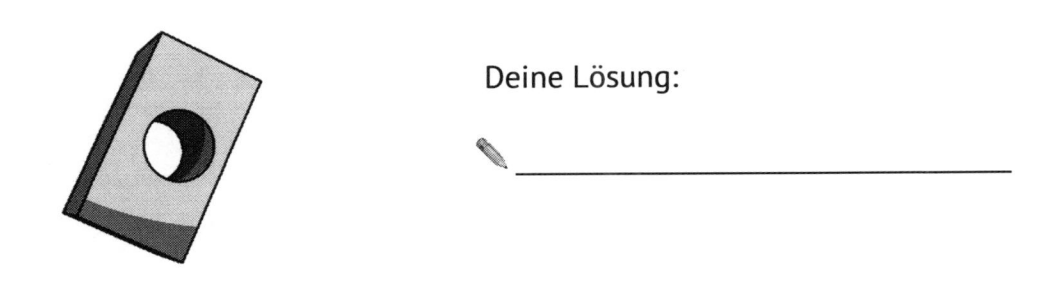

Frage 6:

Wie viele Flächen hat diese Figur? Bitte bedenke, dass nicht alle Flächen sichtbar sein müssen.

Deine Lösung:

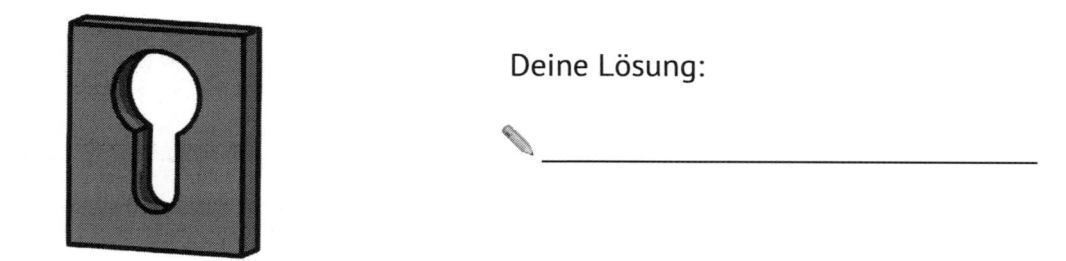

Frage 7:

Wie viele Flächen hat die gezeigte Figur? Bitte bedenke, dass nicht alle Flächen sichtbar sein müssen.

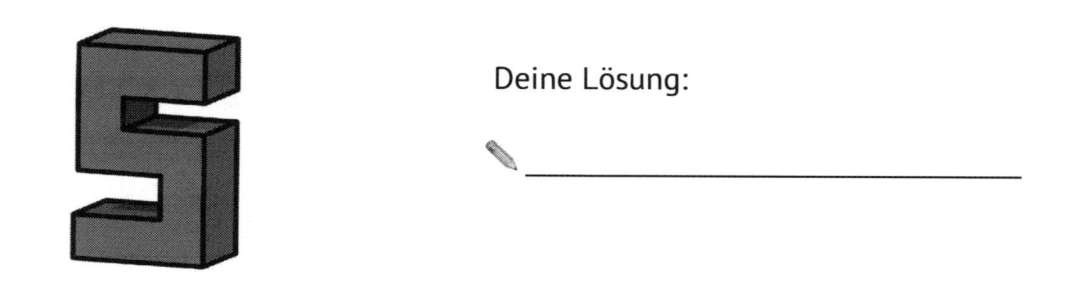

Deine Lösung:

Frage 8:

Wie viele Flächen hat die gezeigte Figur? Bitte bedenke, dass nicht alle Flächen sichtbar sein müssen.

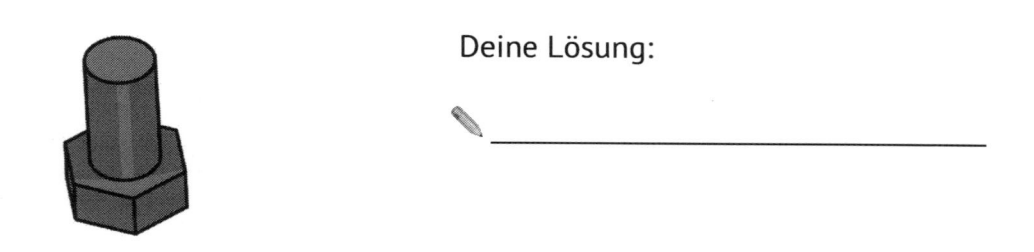

Deine Lösung:

Frage 9:

Wie viele Flächen hat die gezeigte Figur? Bitte bedenke, dass nicht alle Flächen sichtbar sein müssen.

TestHelden

Deine Lösung:

_____

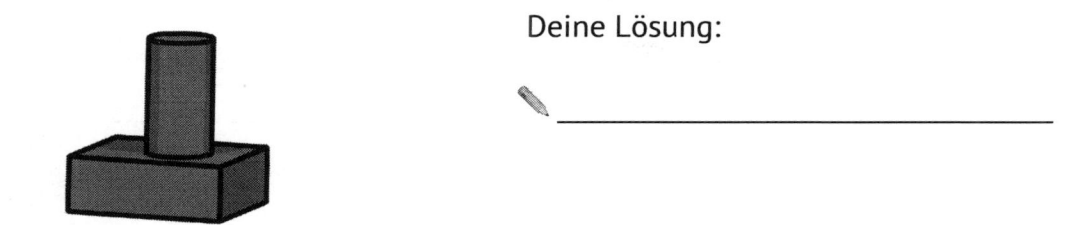

Frage 10:

Wie viele Flächen hat diese Figur? Bitte bedenke, dass nicht alle Flächen sichtbar sein müssen.

Deine Lösung:

_____

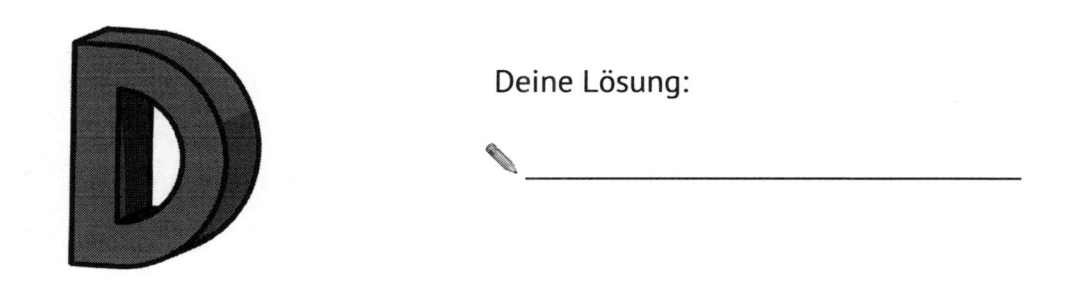

Frage 11:

Wie viele Flächen hat diese Figur? Bitte bedenke, dass nicht alle Flächen sichtbar sein müssen.

Deine Lösung:

_____

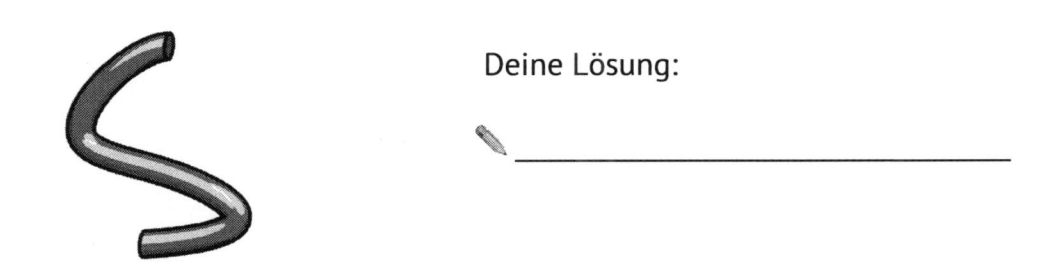

Frage 12:

Wie viele Flächen hat diese Figur? Bitte bedenke, dass nicht alle Flächen sichtbar sein müssen.

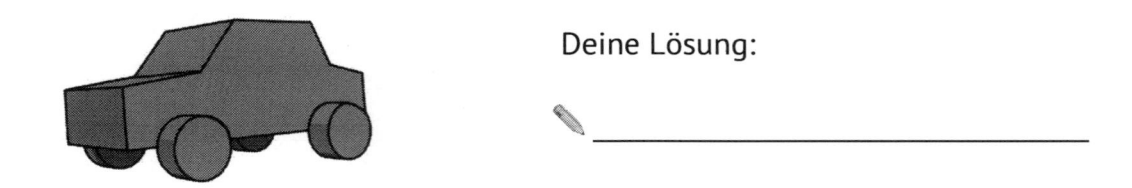

Deine Lösung:

Frage 13:

Wie viele Flächen hat die gezeigte Figur? Bitte bedenke, dass nicht alle Flächen sichtbar sein müssen.

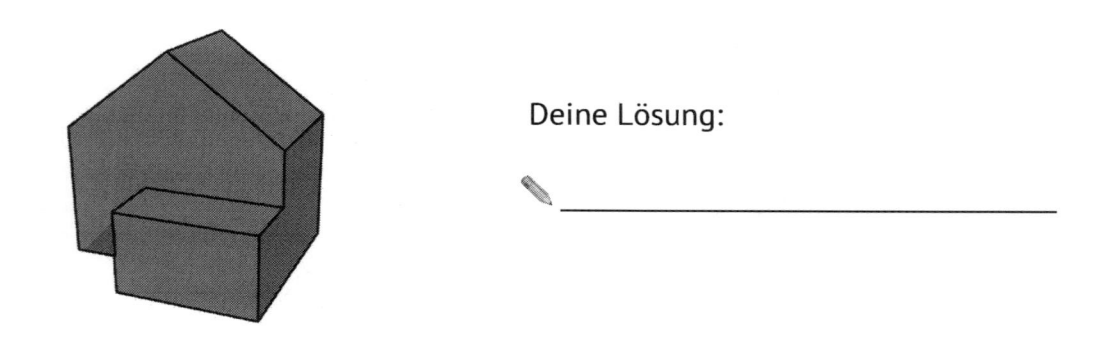

Deine Lösung:

Frage 14:

Wie viele Flächen hat diese Figur? Bitte bedenke, dass nicht alle Flächen sichtbar sein müssen.

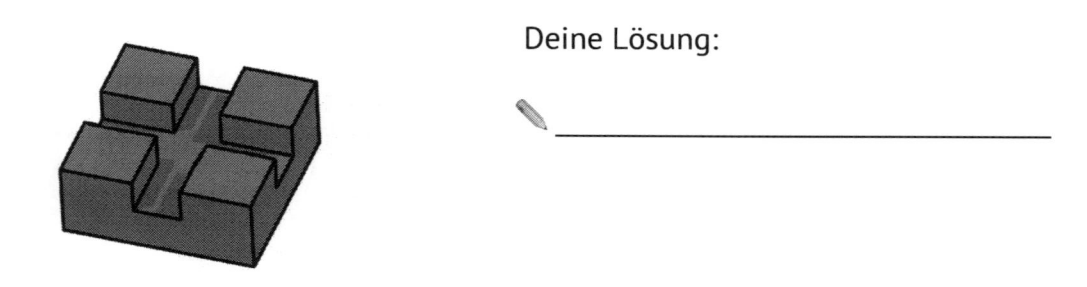

Deine Lösung:

Frage 15:

Wie viele Flächen hat die gezeigte Figur? Bitte bedenke, dass nicht alle Flächen sichtbar sein müssen.

TestHelden

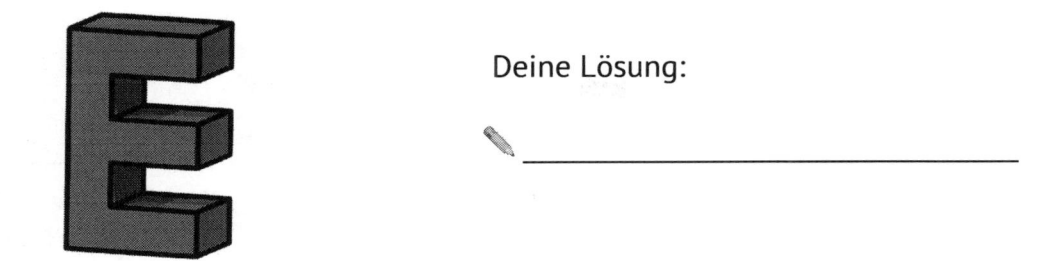

Deine Lösung:

✎ _____

Frage 16:

Wie viele Flächen hat diese Figur? Bitte bedenke, dass nicht alle Flächen sichtbar sein müssen.

Deine Lösung:

✎ _____

Frage 17:

Wie viele Flächen hat die gezeigte Figur? Bitte bedenke, dass nicht alle Flächen sichtbar sein müssen.

Deine Lösung:

✎ _____

Frage 18:

Wie viele Flächen hat die gezeigte Figur? Bitte bedenke, dass nicht alle Flächen sichtbar sein müssen.

Deine Lösung:

  ✏️ _____

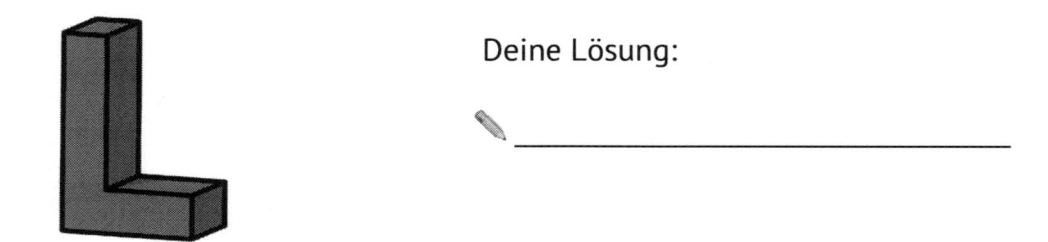

Frage 19:

Wie viele Flächen hat diese Figur? Bitte bedenke, dass nicht alle Flächen sichtbar sein müssen.

Deine Lösung:

  ✏️ _____

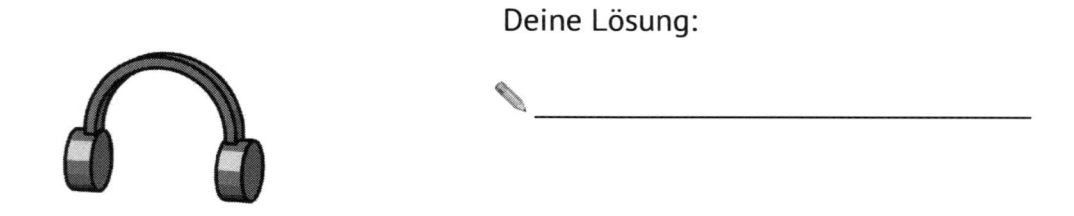

Frage 20:

Wie viele Flächen hat diese Figur? Bitte bedenke, dass nicht alle Flächen sichtbar sein müssen.

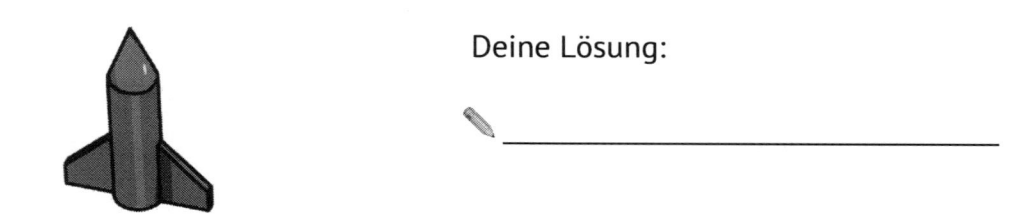

Deine Lösung:

  ✏️ _____

Lösungen

Aufgabe 1:

💡 Lösungshilfe:
Zähle die sauber getrennten Flächen. Bedenke, dass einige Flächen unsichtbar sein können. Beachte außerdem: Manche Flächen hängen direkt zusammen und gelten entsprechend als eine Fläche.
Die richtige Antwort ist: 13

Aufgabe 2:

💡 Lösungshilfe:
Zähle die sauber getrennten Flächen. Bedenke, dass einige Flächen auch nicht sichtbar sein können.
Die richtige Antwort ist: 23

Aufgabe 3:
Die richtige Antwort ist: 11

Aufgabe 4:
Die richtige Antwort ist: 7

Aufgabe 5:
Die richtige Antwort ist: 7

Aufgabe 6:
Die richtige Antwort ist: 8

Aufgabe 7:
Die richtige Antwort ist: 14

Aufgabe 8:
Die richtige Antwort ist: 10

Aufgabe 9:
Die richtige Antwort ist: 8

Aufgabe 10:
Die richtige Antwort ist: 6

Aufgabe 11:
Die richtige Antwort ist: 3

Aufgabe 12:
Die richtige Antwort ist: 22

Aufgabe 13:
Die richtige Antwort ist: 10

Aufgabe 14:
Die richtige Antwort ist: 18

Aufgabe 15:
Die richtige Antwort ist: 14

Aufgabe 16:
Die richtige Antwort ist: 5

Aufgabe 17:
Die richtige Antwort ist: 12

Aufgabe 18:
Die richtige Antwort ist: 8

Aufgabe 19:
Die richtige Antwort ist: 10

Aufgabe 20:

Korrekt ist hier 11. Die Unterseite der Rakete bildet eine große gemeinsame Fläche, die sich über beide Flügel und den Kreis in der Mitte erstreckt. Deshalb hat die Rakete 11 Flächen.

Selbsteinschätzung
Flächen zählen - Test

Auf dieser Seite kannst du deinen Lernfortschritt dokumentieren. Das hilft dir dabei, deinen Lernfortschritt zu reflektieren und ein Gefühl dafür zu bekommen, wie sicher du in diesem Themenbereich bereits bist.

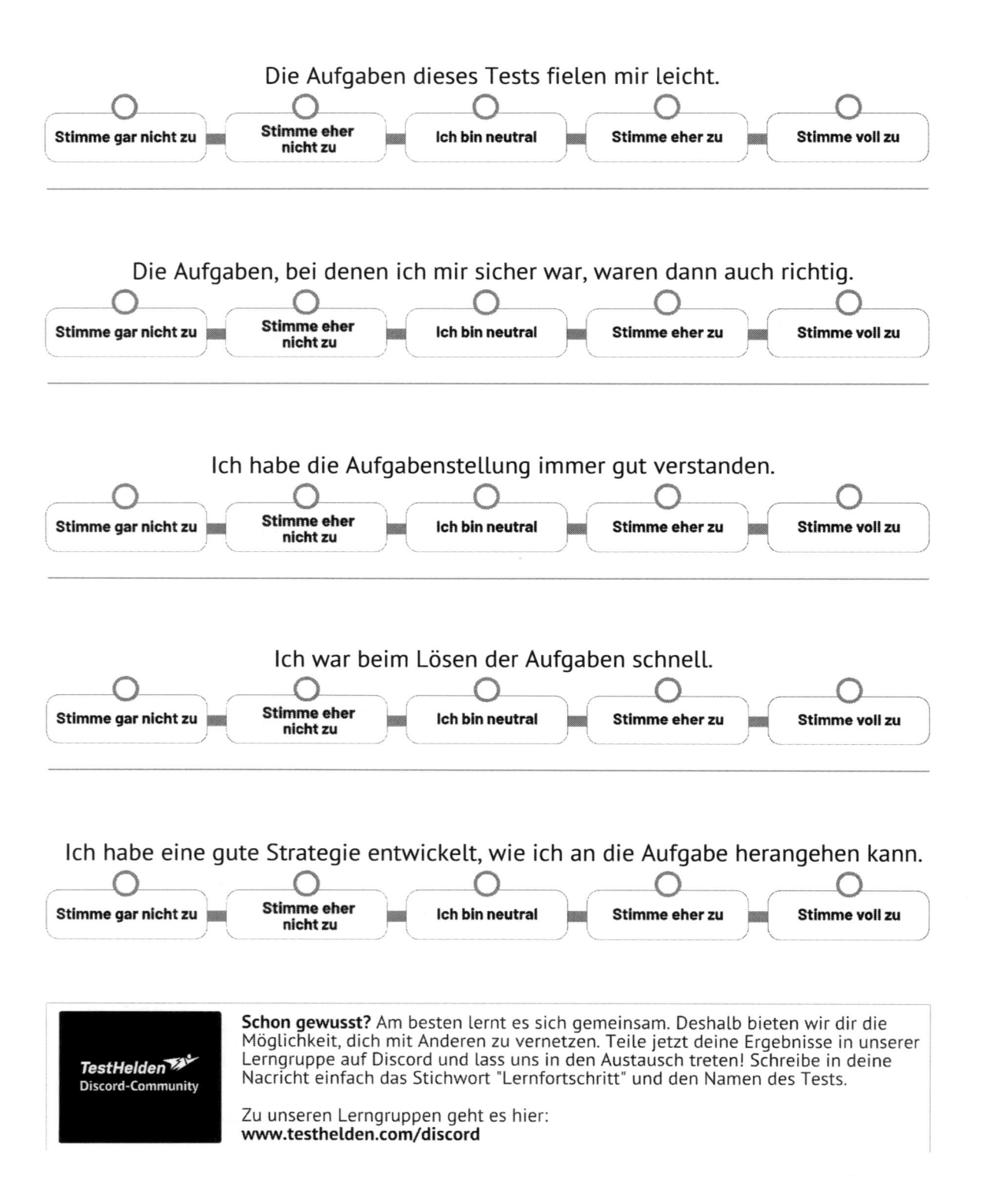

Die Aufgaben dieses Tests fielen mir leicht.
○ Stimme gar nicht zu — ○ Stimme eher nicht zu — ○ Ich bin neutral — ○ Stimme eher zu — ○ Stimme voll zu

Die Aufgaben, bei denen ich mir sicher war, waren dann auch richtig.
○ Stimme gar nicht zu — ○ Stimme eher nicht zu — ○ Ich bin neutral — ○ Stimme eher zu — ○ Stimme voll zu

Ich habe die Aufgabenstellung immer gut verstanden.
○ Stimme gar nicht zu — ○ Stimme eher nicht zu — ○ Ich bin neutral — ○ Stimme eher zu — ○ Stimme voll zu

Ich war beim Lösen der Aufgaben schnell.
○ Stimme gar nicht zu — ○ Stimme eher nicht zu — ○ Ich bin neutral — ○ Stimme eher zu — ○ Stimme voll zu

Ich habe eine gute Strategie entwickelt, wie ich an die Aufgabe herangehen kann.
○ Stimme gar nicht zu — ○ Stimme eher nicht zu — ○ Ich bin neutral — ○ Stimme eher zu — ○ Stimme voll zu

Schon gewusst? Am besten lernt es sich gemeinsam. Deshalb bieten wir dir die Möglichkeit, dich mit Anderen zu vernetzen. Teile jetzt deine Ergebnisse in unserer Lerngruppe auf Discord und lass uns in den Austausch treten! Schreibe in deine Nacricht einfach das Stichwort "Lernfortschritt" und den Namen des Tests.

Zu unseren Lerngruppen geht es hier:
www.testhelden.com/discord

TestHelden Discord-Community

Übung: Buchstabenreihen fortführen

Darum geht es in dieser Übung: In diesem Test musst du Buchstabenreihen fortführen. Du lernst, den logischen Zusammenhang zwischen den Buchstaben zu verstehen und zu übertragen.

> Tipp: Wie immer kannst du diese Seite hier nutzen, um dir einige Notizen zu machen. Du kannst zum Beispiel festhalten, welche Erwartungen du an den Test hast, was dir beim Üben aufgefallen ist oder was dir besonders schwer oder leicht gefallen ist.

🚀 Deine Notizen:

Aufgaben

Frage 1:

Wie setzt man diese Buchstabenreihe logisch fort?
ONML

- ☐ A: A
- ☐ B: K
- ☐ C: C
- ☐ D: Keiner der genannten.

Frage 2:

Wie geht die Buchstabenreihe weiter?
EFGIJKMN

Deine Lösung:

✎ _____

Frage 3:

Ergänze den Buchstaben, der in die Lücke gehört:
RQNM_I

Deine Lösung:

✎ _____

Frage 4:

Welcher Buchstabe muss in der Lücke ergänzt werden?
_USQO

Deine Lösung:

✎ _____

Frage 5:

Ergänze den Buchstaben, der als nächstes in der Reihe folgt!
QMIE

☐ A: I
☐ B: M
☐ C: A
☐ D: Keiner der genannten.

Frage 6:

Welcher Buchstabe muss in der Lücke ergänzt werden?
_MKIGE

Deine Lösung:

✏ _____

Frage 7:

Welcher Buchstabe muss in der Lücke ergänzt werden?
CEGI_

Deine Lösung:

✏ _____

Frage 8:

Ergänze den Buchstaben, der als nächstes in der Reihe folgt!
IMQU

- ☐ A: E
- ☐ B: I
- ☐ C: Y
- ☐ D: Keiner der genannten.

Frage 9:

Welcher Buchstabe folgt?
DGJM

- ☐ A: E
- ☐ B: P
- ☐ C: F
- ☐ D: Keiner der genannten.

Frage 10:

Welcher Buchstabe folgt?
VSPM

☐ A: I
☐ B: J
☐ C: S
☐ D: Keiner der genannten.

Frage 11:

Ergänze den Buchstaben, der in die Lücke gehört:
NMJI_E

Deine Lösung:

✎ _____

Frage 12:

Welcher Buchstabe folgt?
PMJG

☐ A: A
☐ B: E
☐ C: D
☐ D: Keiner der genannten.

Frage 13:

Welcher Buchstabe muss in der Lücke ergänzt werden?
IG_CA

Deine Lösung:

✎ _____

Frage 14:

Welcher Buchstabe muss in der Lücke ergänzt werden?
_IFEBA

Deine Lösung:

✎ _____

Frage 15:

Welcher Buchstabe fehlt am Ende der Reihe?
PQRUV

Deine Lösung:

✎ _____

Frage 16:

Ergänze den Buchstaben, der in die Lücke gehört:
_MJIFE

Deine Lösung:

✎ _____

Frage 17:

Wie setzt man diese Buchstabenreihe logisch fort?
UTSRQ

☐ A: P
☐ B: I
☐ C: K
☐ D: Keiner der genannten.

Frage 18:

Wie setzt man diese Buchstabenreihe logisch fort?
JIHG

- A: B
- B: F
- C: E
- D: Keiner der genannten.

Frage 19:

Wie geht die Buchstabenreihe weiter?
MNQRU

- A: V
- B: C
- C: E
- D: Keiner der genannten.

Frage 20:

Welcher Buchstabe folgt?
YVSP

- A: H
- B: M
- C: F
- D: Keiner der genannten.

Lösungen

Aufgabe 1:

Korrekt ist hier B. Hier wird rückwärts durch das Alphabet gegangen.

Aufgabe 2:

💡 Lösungshilfe:
Trage den Buchstaben als Großbuchstaben in das Feld ein.

Korrekt ist hier O. Hier werden immer drei Buchstabe aufgezählt, dann wird ein Buchstabe übersprungen.

Aufgabe 3:

Korrekt ist hier J. Hier werden immer zwei Buchstaben übersprungen und zwei genannt. Es wird rückwärts durch das Alphabet gegangen.

Aufgabe 4:

Korrekt ist hier W. Es wird immer ein Buchstabe übersprungen und ein Buchstabe genannt. Es wird rückwärts durch das Alphabet gegangen.

Aufgabe 5:

Korrekt ist hier C. Hier werden immer drei Buchstaben übersprungen. Die Reihe geht rückwärts durch das Alphabet.

Aufgabe 6:

Korrekt ist hier O. Es wird immer ein Buchstabe übersprungen und ein Buchstabe genannt. Es wird rückwärts durch das Alphabet gegangen.

Aufgabe 7:

Korrekt ist hier K. Es wird immer ein Buchstabe übersprungen und ein Buchstabe genannt.

TestHelden

Aufgabe 8:

Korrekt ist hier C. Hier werden immer drei Buchstaben übersprungen.

Aufgabe 9:

Korrekt ist hier B. Hier werden immer zwei Buchstaben übersprungen und ein Buchstabe genannt.

Aufgabe 10:

Korrekt ist hier B. Die Reihe geht rückwärts durch das Alphabet. Es werden immer zwei Buchstaben übersprungen.

Aufgabe 11:

Korrekt ist hier F. Hier werden immer zwei Buchstaben übersprungen und zwei genannt. Es wird rückwärts durch das Alphabet gegangen.

Aufgabe 12:

Korrekt ist hier C. Die Reihe geht rückwärts durch das Alphabet. Es werden immer zwei Buchstaben übersprungen.

Aufgabe 13:

Korrekt ist hier E. Es wird immer ein Buchstabe übersprungen und ein Buchstabe genannt. Es wird rückwärts durch das Alphabet gegangen.

Aufgabe 14:

Korrekt ist hier J. Hier werden immer zwei Buchstaben übersprungen und zwei genannt. Es wird rückwärts durch das Alphabet gegangen.

Aufgabe 15:

Korrekt ist hier W. Es werden immer drei Buchstaben genannt und zwei Buchstaben übersprungen.

Aufgabe 16:

Korrekt ist hier N. Hier werden immer zwei Buchstaben übersprungen und zwei genannt. Es wird rückwärts durch das Alphabet gegangen.

Aufgabe 17:

Korrekt ist hier A. Hier wird rückwärts durch das Alphabet gegangen.

Aufgabe 18:

Korrekt ist hier B. Hier wird rückwärts durch das Alphabet gegangen.

Aufgabe 19:

Korrekt ist hier A. In dieser Reihe werden immer zwei Buchstaben des Alphabets übersprungen und dann zwei Buchstaben genannt.

Aufgabe 20:

Korrekt ist hier B. Die Reihe geht rückwärts durch das Alphabet. Es werden immer zwei Buchstaben übersprungen.

Selbsteinschätzung
Buchstabenreihen fortführen - Test

Auf dieser Seite kannst du deinen Lernfortschritt dokumentieren. Das hilft dir dabei, deinen Lernfortschritt zu reflektieren und ein Gefühl dafür zu bekommen, wie sicher du in diesem Themenbereich bereits bist.

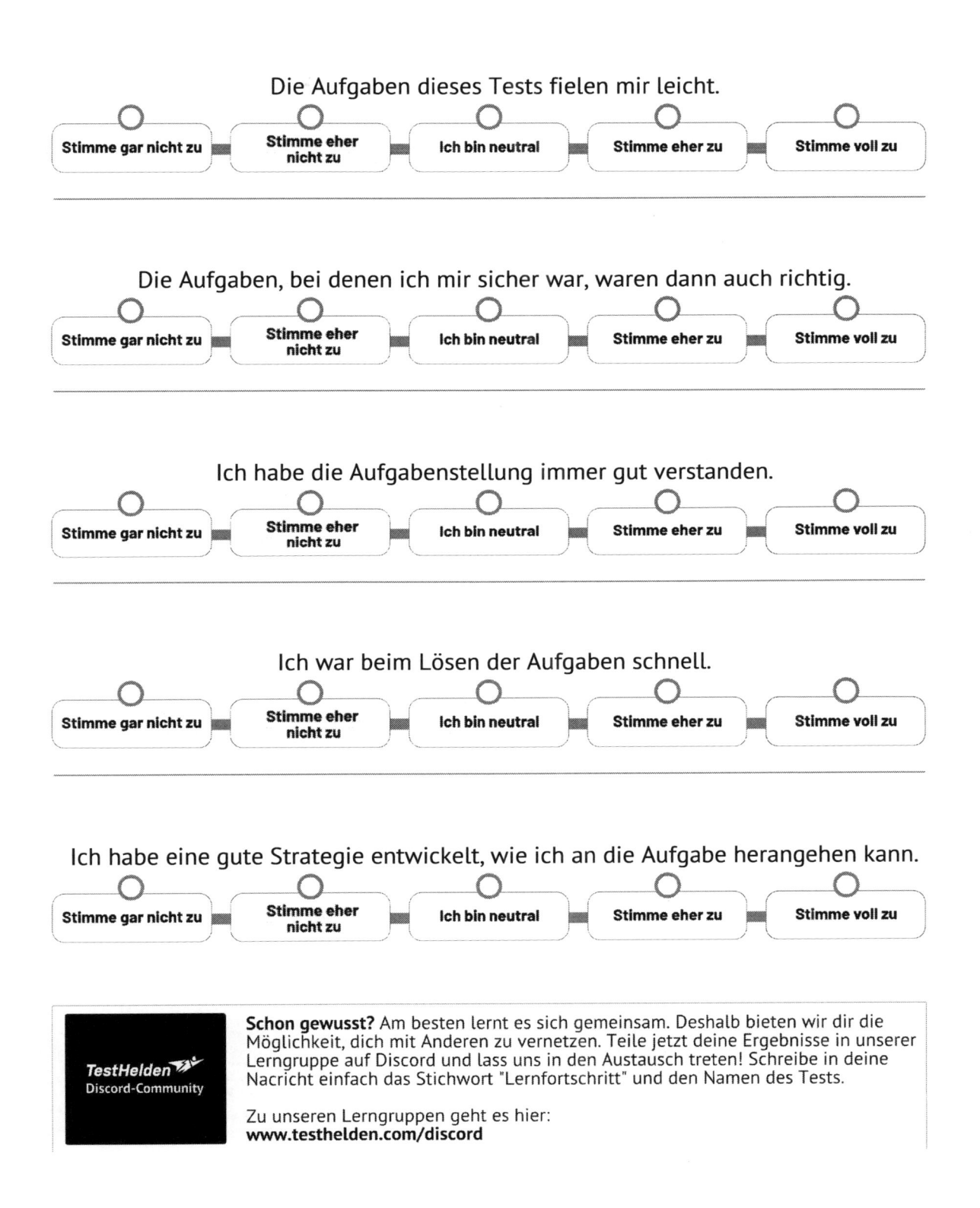

Die Aufgaben dieses Tests fielen mir leicht.

○ Stimme gar nicht zu — ○ Stimme eher nicht zu — ○ Ich bin neutral — ○ Stimme eher zu — ○ Stimme voll zu

Die Aufgaben, bei denen ich mir sicher war, waren dann auch richtig.

○ Stimme gar nicht zu — ○ Stimme eher nicht zu — ○ Ich bin neutral — ○ Stimme eher zu — ○ Stimme voll zu

Ich habe die Aufgabenstellung immer gut verstanden.

○ Stimme gar nicht zu — ○ Stimme eher nicht zu — ○ Ich bin neutral — ○ Stimme eher zu — ○ Stimme voll zu

Ich war beim Lösen der Aufgaben schnell.

○ Stimme gar nicht zu — ○ Stimme eher nicht zu — ○ Ich bin neutral — ○ Stimme eher zu — ○ Stimme voll zu

Ich habe eine gute Strategie entwickelt, wie ich an die Aufgabe herangehen kann.

○ Stimme gar nicht zu — ○ Stimme eher nicht zu — ○ Ich bin neutral — ○ Stimme eher zu — ○ Stimme voll zu

TestHelden Discord-Community

Schon gewusst? Am besten lernt es sich gemeinsam. Deshalb bieten wir dir die Möglichkeit, dich mit Anderen zu vernetzen. Teile jetzt deine Ergebnisse in unserer Lerngruppe auf Discord und lass uns in den Austausch treten! Schreibe in deine Nacricht einfach das Stichwort "Lernfortschritt" und den Namen des Tests.

Zu unseren Lerngruppen geht es hier:
www.testhelden.com/discord

Übung: Recht Österreich

Darum geht es in dieser Übung: In diesem Themenbereich werden Fakten zur Gesetzeslage in Österreichabgefragt. Dein Lernziel ist es, dir ein grundlegendes Verständnis über die verschiedenen Gesetzestexte und deren Inhalt anzueignen.

> Tipp: Wie immer kannst du diese Seite hier nutzen, um dir einige Notizen zu machen. Du kannst zum Beispiel festhalten, welche Erwartungen du an den Test hast, was dir beim Üben aufgefallen ist oder was dir besonders schwer oder leicht gefallen ist.

🚀 Deine Notizen:

Aufgaben

Frage 1:

Was gehört nicht zum Bürgerlichen Recht?

- ☐ A: Personenrecht
- ☐ B: Sachenrecht
- ☐ C: Handelsrecht
- ☐ D: Klagen

Frage 2:

Wann trat das Allgemeine Bürgerliche Gesetzbuch (ABGB) in Kraft?

- ☐ A: 1800
- ☐ B: 1812
- ☐ C: 1848
- ☐ D: 1914

Frage 3:

Worin unterscheidet sich das Privatrecht vom Öffentlichen Recht? Welche Aussage trifft zu?

- ☐ A: Das Öffentliche Recht gilt für Sachverhalte zwischen öffentlichen Unternehmen untereinander, während das Privatrecht Sachverhalte zwischen Privaten und Angestellten regelt.
- ☐ B: Das Privatrecht bestimmt die Pflichten der privaten Bürger untereinander. Das Öffentliche Recht ist von einer Unterordnung der Beteiligten geprägt.
- ☐ C: Das Privatrecht bestimmt die Rechte und Pflichten der privaten Bürger, somit zwischen gleichrangigen Beteiligten, untereinander. Das Öffentliche Recht ist von einer Überordnung der Beteiligten geprägt.
- ☐ D: Das Privatrecht regelt die Rechte zwischen Privaten, das Öffentliche Recht regelt die Pflichten der öffentlichen Rechtsträger untereinander.

Frage 4:

Welches sind Grundprinzipien der österreichischen Bundesverfassung?

☐ A: Republikanisches Prinzip, Rechtsstaatliches Prinzip
☐ B: Rechtsstaatliches Prinzip, Monopolistisches Prinzip
☐ C: Bundesstaatliches Prinzip, Gewaltenfreies Prinzip
☐ D: Grundrechtliches Prinzip, Demokratisches Prinzip

Frage 5:

Darf man in Österreich im Straßenverkehr alkoholisiert Fahrrad fahren?

☐ A: Ja
☐ B: Nein
☐ C: nur bis 0,8 Promille
☐ D: nur bis 0,5 Promille

Frage 6:

Wie lang kann man grundlos vom Autokauf beim Händler zurücktreten?

☐ A: gar nicht
☐ B: 14 Tage
☐ C: 6 Monate
☐ D: 2 Tage

Frage 7:

Was gehört nicht zum Sonderprivatrecht?

☐ A: Mietrecht
☐ B: Arbeitsrecht
☐ C: Handelsrecht
☐ D: Schuldrecht

Frage 8:

Was ist kein Rechtsobjekt?

- A: Häuser
- B: Fahrzeuge
- C: Juristische Personen
- D: Tiere

Frage 9:

Der Verfassungsgerichtshof hat vor allem die Aufgabe...?

- A: .. die Einhaltung der Verfassung und dazu gehören auch die Grundrechte zu kontrollieren.
- B: .. die Einhaltung der Grundgesetze zu gewährleisten.
- C: .. als oberstes Gericht in der öffentlichen Verwaltung die Einhaltung der Grundrechte zu kontrollieren.
- D: .. die Einhaltung der Grundrechte und Gesetze durch die Verwaltungsorgane zu kontrollieren.

Frage 10:

Was ist das Ziel des Strafrechtes?

- A: Schutz des Lebens
- B: Schutz der Gesundheit
- C: Schutz der Grundbedürfnisse
- D: Schutz des Eigentums

Frage 11:

Wie lang hat man Zeit, einen selbst verursachten Parkschaden bei der Polizei anzuzeigen?

- A: Visitenkarte hinterlassen reicht
- B: 24 Stunden
- C: 48 Stunden
- D: Die Anzeige muss sofort erfolgen

Frage 12:

Wo sind die urlaubsrechtlichen gesetzlichen Bestimmungen geregelt?

- ☐ A: Angestelltengesetz
- ☐ B: Urlaubsgesetz
- ☐ C: Arbeitsverfassungsgesetz
- ☐ D: Arbeitszeitengesetz

Frage 13:

In welcher Verbindungen stehen Rechtssubjekte zu Rechtsobjekten?

- ☐ A: Rechtsobjekte sind mit Rechtssubjekte gleichgesetzt
- ☐ B: Rechtsobjekte unterliegen Rechtssubjekten im Herrschaftsrecht
- ☐ C: Rechtssubjekte unterliegen Rechtsobjekten im Herrschaftsrecht
- ☐ D: Beide stehen nicht miteinander in Verbindung

Frage 14:

Was regelt das Allgemeine Bürgerliche Gesetzbuch (ABGB)?

- ☐ A: Rechtsbeziehungen zwischen Privatpersonen
- ☐ B: Rechtsbeziehung zwischen staatlichen Akteuren
- ☐ C: Rechtsbeziehungen im gewerblichen Raum
- ☐ D: Rechtsbeziehung zwischen Privatpersonen und öffentlichen Personen

Frage 15:

Welcher Delikt wird nicht mit dem Justizstrafrecht abgedeckt?

- ☐ A: Lärmbelästigung
- ☐ B: Diebstahl
- ☐ C: Betrug
- ☐ D: Körperverletzung

Frage 16:

Wie wird das Privatrecht unterteilt?

☐ A: In Allgemeines Privatrecht und Sonderprivatrecht
☐ B: In Bürgerliches Recht und Arbeitsrecht
☐ C: In Sonderprivatrecht und Handelsrecht
☐ D: In Handels- und Arbeitsrecht

Frage 17:

Welcher Delikt wird nicht mit dem Verwaltungsstrafrecht abgedeckt?

☐ A: Lärmbelästigung
☐ B: Diebstahl
☐ C: Falschparken
☐ D: Geschwindigkeitsüberschreitung

Frage 18:

Welcher Bereich wird im Allgemeine Bürgerliche Gesetzbuch (ABGB) nicht abgedeckt?

☐ A: Eigentums- und Besitzrecht
☐ B: Personen- und Familienrecht
☐ C: Vertrags- und Schadensersatzrecht
☐ D: Arbeits- und Mietrecht

Frage 19:

Wie hoch ist die Körperschaftssteuer?

☐ A: 0,2
☐ B: 0,15
☐ C: 0,05
☐ D: 0,25

Frage 20:

Wofür steht die Abkürzung ABGB?

- ☐ A: Altes bürgerliches Gesetzbuch
- ☐ B: Allgemeines bürgerliches Gesetzbuch
- ☐ C: Allgemeines bundesweites Gesetzbuch
- ☐ D: Allgemeines bürgerliches Gewerbebuch

Lösungen

Aufgabe 1:

Korrekt ist hier C.

Aufgabe 2:

Korrekt ist hier B.

Aufgabe 3:

Korrekt ist hier C.

Aufgabe 4:

Korrekt ist hier A.

Aufgabe 5:

Korrekt ist hier C.

Aufgabe 6:

Korrekt ist hier A.

Aufgabe 7:

Korrekt ist hier D.

Aufgabe 8:

Korrekt ist hier C.

Aufgabe 9:

Korrekt ist hier A.

Aufgabe 10:

Korrekt ist hier C.

Aufgabe 11:

Korrekt ist hier D.

Aufgabe 12:

Korrekt ist hier B.

Aufgabe 13:

Korrekt ist hier B.

Aufgabe 14:

Korrekt ist hier A.

Aufgabe 15:

Korrekt ist hier A.

Aufgabe 16:

Korrekt ist hier A.

Aufgabe 17:

Korrekt ist hier B.

Aufgabe 18:

Korrekt ist hier D.

Aufgabe 19:

Korrekt ist hier D.

Aufgabe 20:

Korrekt ist hier B.

Selbsteinschätzung
Recht Österreich - Test

Auf dieser Seite kannst du deinen Lernfortschritt dokumentieren. Das hilft dir dabei, deinen Lernfortschritt zu reflektieren und ein Gefühl dafür zu bekommen, wie sicher du in diesem Themenbereich bereits bist.

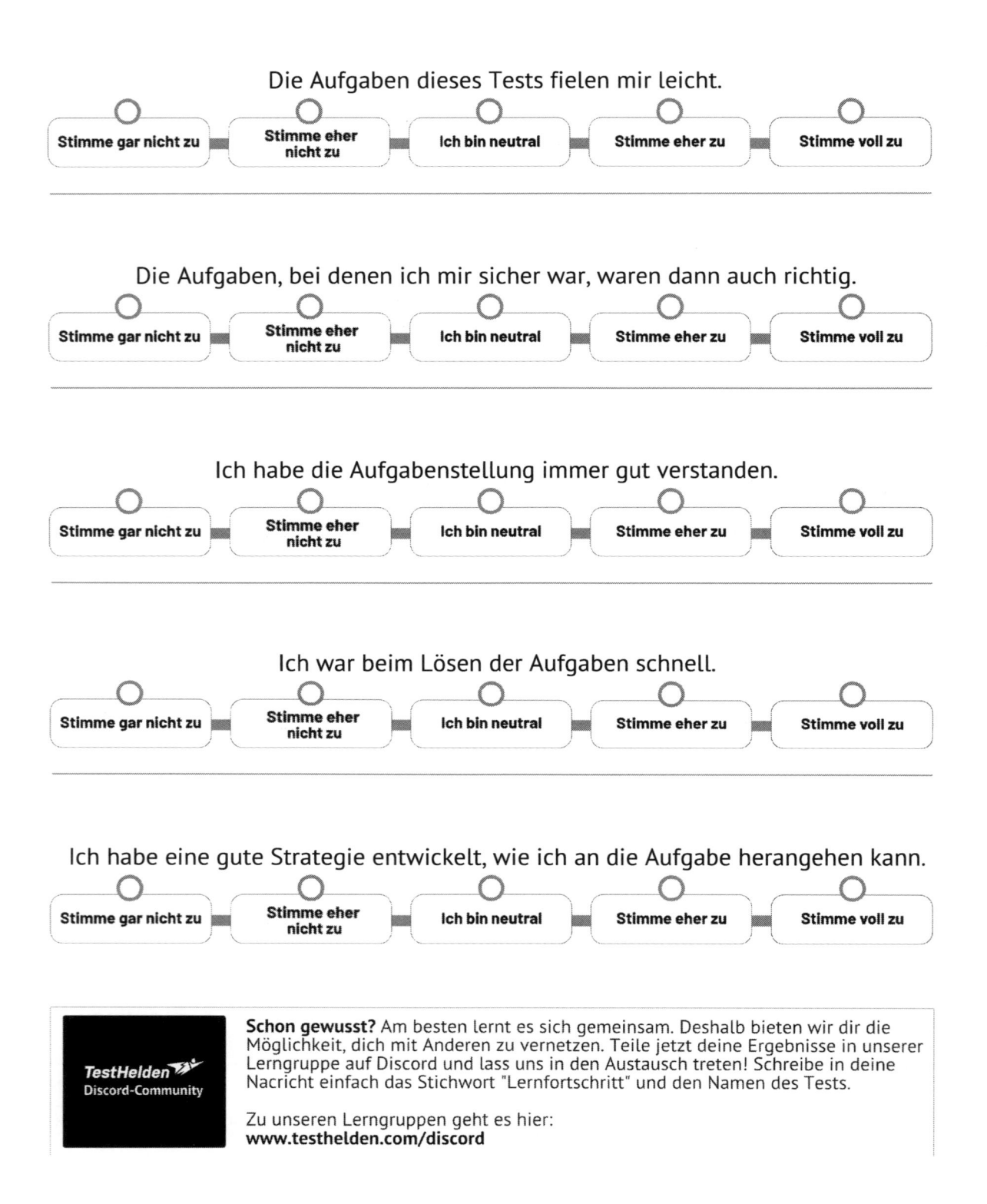

Die Aufgaben dieses Tests fielen mir leicht.

○ Stimme gar nicht zu — ○ Stimme eher nicht zu — ○ Ich bin neutral — ○ Stimme eher zu — ○ Stimme voll zu

Die Aufgaben, bei denen ich mir sicher war, waren dann auch richtig.

○ Stimme gar nicht zu — ○ Stimme eher nicht zu — ○ Ich bin neutral — ○ Stimme eher zu — ○ Stimme voll zu

Ich habe die Aufgabenstellung immer gut verstanden.

○ Stimme gar nicht zu — ○ Stimme eher nicht zu — ○ Ich bin neutral — ○ Stimme eher zu — ○ Stimme voll zu

Ich war beim Lösen der Aufgaben schnell.

○ Stimme gar nicht zu — ○ Stimme eher nicht zu — ○ Ich bin neutral — ○ Stimme eher zu — ○ Stimme voll zu

Ich habe eine gute Strategie entwickelt, wie ich an die Aufgabe herangehen kann.

○ Stimme gar nicht zu — ○ Stimme eher nicht zu — ○ Ich bin neutral — ○ Stimme eher zu — ○ Stimme voll zu

TestHelden Discord-Community

Schon gewusst? Am besten lernt es sich gemeinsam. Deshalb bieten wir dir die Möglichkeit, dich mit Anderen zu vernetzen. Teile jetzt deine Ergebnisse in unserer Lerngruppe auf Discord und lass uns in den Austausch treten! Schreibe in deine Nacricht einfach das Stichwort "Lernfortschritt" und den Namen des Tests.

Zu unseren Lerngruppen geht es hier:
www.testhelden.com/discord

Übung: Sprachanalogien

Darum geht es in dieser Übung: In diesem Themenbereich findest du Aufgaben zu sprachlichen Analogien zwischen zwei Systemen. Dein Lernziel ist es, die Logik bzw. den Zusammenhang der Wörter zu verstehen und auf das zweite System anzuwenden.

♪ Zu diesem Test findest du Medieninhalte direkt in deinem Online-Kurs.

> Tipp: Wie immer kannst du diese Seite hier nutzen, um dir einige Notizen zu machen. Du kannst zum Beispiel festhalten, welche Erwartungen du an den Test hast, was dir beim Üben aufgefallen ist oder was dir besonders schwer oder leicht gefallen ist.

🚀 Deine Notizen:

Aufgaben

Frage 1:

Gegeben sind folgende Wörter:
Bogen / Gewehr = Pfeil / ____

Ergänze das fehlende Wort, das sich aus dem Verhältnis der Wörter ergibt.

- ☐ A: Pistole
- ☐ B: Schuss
- ☐ C: Patrone
- ☐ D: Blei

Frage 2:

Gegeben sind folgende Wörter:
Fläche / Körper = Wand / ____

Wähle dasjenige Wort aus, das sich aus dem Verhältnis der Wörter ergibt.

- ☐ A: Raum
- ☐ B: Decke
- ☐ C: Boden
- ☐ D: Tapete

Frage 3:

Gegeben sind diese Wörter:
Tuba / Ton = Föhn / ____

Wähle das fehlende Wort aus, das sich aus dem Verhältnis der Wörter ergibt.

- ☐ A: Luft
- ☐ B: Hauch
- ☐ C: warm
- ☐ D: trocken

Frage 4:

Gegeben sind folgende Wörter:
Hand / Finger = Fuß / ?

Ergänze das fehlende Wort, das sich aus dem Verhältnis der Wörter ergibt.

- ☐ A: Zehen
- ☐ B: Knöchel
- ☐ C: Zähne
- ☐ D: Nagel

Frage 5:

Gegeben sind folgende Wörter:
Asien / China = Südamerika / ____

Wähle dasjenige Wort aus, das sich aus dem Verhältnis der Wörter ergibt.

- ☐ A: Mexiko
- ☐ B: Peru
- ☐ C: Elfenbeinküste
- ☐ D: Ghana

Frage 6:

Gegeben sind folgende Wörter:
Ende / Anfang = Ziel / ____

Ergänze das fehlende Wort, das sich aus dem Verhältnis der Wörter ergibt.

- ☐ A: Beginn
- ☐ B: Start
- ☐ C: Auftakt
- ☐ D: Eröffnung

Frage 7:

Gegeben sind folgende Wörter:
Summand / Summe = Faktor / ?

Ergänze das fehlende Wort, das sich aus dem Verhältnis der Wörter ergibt.

- ☐ A: Produkt
- ☐ B: Faktor
- ☐ C: Divisor
- ☐ D: Fakultät

Frage 8:

Gegeben sind diese Wörter:
Schiff / Segel = Fahrrad / ____

Wähle das fehlende Wort aus, das sich aus dem Verhältnis der Wörter ergibt.

- ☐ A: Lenker
- ☐ B: Sattel
- ☐ C: Räder
- ☐ D: Licht

Frage 9:

Gegeben sind folgende Wörter:
gestern / erinnern = morgen / ____

Wähle dasjenige Wort aus, das sich aus dem Verhältnis der Wörter ergibt.

- ☐ A: besorgen
- ☐ B: aufstehen
- ☐ C: befürchten
- ☐ D: erwarten

TestHelden

Frage 10:

Gegeben sind diese Wörter:
Hüfte / Fußgelenk = Schulter / ____

Wähle das fehlende Wort aus, das sich aus dem Verhältnis der Wörter ergibt.

- ☐ A: Knie
- ☐ B: Knochen
- ☐ C: Handgelenk
- ☐ D: Gelenk

Frage 11:

Gegeben sind folgende Wörter:
Kugelschreiber / Mine = Kokosnuss / ____

Wähle dasjenige Wort aus, das sich aus dem Verhältnis der Wörter ergibt.

- ☐ A: Fruchtfleisch
- ☐ B: Schale
- ☐ C: Palme
- ☐ D: Kokosöl

Frage 12:

Gegeben sind folgende Wörter:
Indikativ / Er sucht. = Imperativ / ?

Ergänze das fehlende Wort, das sich aus dem Verhältnis der Wörter ergibt.

- ☐ A: Such!
- ☐ B: Kannst du suchen?
- ☐ C: Ich werde gesucht.
- ☐ D: Du bist gesucht worden.

Frage 13:

Gegeben sind folgende Wörter:
Obst / Pfirsich = Auto / _____

Ergänze das fehlende Wort, das sich aus dem Verhältnis der Wörter ergibt.

- ☐ A: Fahrzeug
- ☐ B: Audi
- ☐ C: Motorrad
- ☐ D: fahren

Frage 14:

Gegeben sind folgende Wörter:
klein / winzig = warm / _____

Wähle dasjenige Wort aus, das sich aus dem Verhältnis der Wörter ergibt.

- ☐ A: siedend
- ☐ B: hitzig
- ☐ C: kalt
- ☐ D: heiß

Frage 15:

Gegeben sind diese Wörter:
Abwasser / Kanalisation = Strom / _____

Wähle das fehlende Wort aus, das sich aus dem Verhältnis der Wörter ergibt.

- ☐ A: Hochspannungsleitung
- ☐ B: Steckdose
- ☐ C: Wasser
- ☐ D: Kraftwerk

Frage 16:

Gegeben sind folgende Wörter:
Winkel / Grad = Temperatur / ?

Ergänze das fehlende Wort, das sich aus dem Verhältnis der Wörter ergibt.

- A: Grad Fahrenheit
- B: Lichtgeschwindigkeit
- C: Kälte
- D: Hitze

Frage 17:

Gegeben sind folgende Wörter:
Bildhauer / Kathedrale = Schminke / ?

Ergänze das fehlende Wort, das sich aus dem Verhältnis der Wörter ergibt.

- A: Gesicht
- B: Knorpel
- C: Knie
- D: Maske

Frage 18:

Gegeben sind folgende Wörter:
Gericht / Judikative = Öffentliche Verwaltung / ?

Ergänze das fehlende Wort, das sich aus dem Verhältnis der Wörter ergibt.

- A: Exekutive
- B: Legislative
- C: Konjunktive
- D: Verhandlung

Frage 19:

Gegeben sind folgende Wörter:
Wald / Bäume = Wiese / _____

Wähle dasjenige Wort aus, das sich aus dem Verhältnis der Wörter ergibt.

- ☐ A: Heu
- ☐ B: Gräser
- ☐ C: Futter
- ☐ D: Grün

Frage 20:

Gegeben sind folgende Wörter:
Quadrat / Wurzel = Mal / _____

Ergänze das fehlende Wort, das sich aus dem Verhältnis der Wörter ergibt.

- ☐ A: Pflanze
- ☐ B: Minus
- ☐ C: Blatt
- ☐ D: Durch

Lösungen

Aufgabe 1:

Korrekt ist hier C.

Aufgabe 2:

Korrekt ist hier A.

Aufgabe 3:

Korrekt ist hier A.

Aufgabe 4:

Korrekt ist hier A.

Aufgabe 5:

Korrekt ist hier B.

Aufgabe 6:

Korrekt ist hier B.

Aufgabe 7:

Korrekt ist hier A. Summanden ergeben die Summe. Faktoren ergeben das Produkt.

Aufgabe 8:

Korrekt ist hier C.

Aufgabe 9:

Korrekt ist hier D.

Aufgabe 10:

Korrekt ist hier C.

Aufgabe 11:

Korrekt ist hier A.

Aufgabe 12:

💡 Lösungshilfe:
Eine besonders gemeine Frage, für die du etwas Grammatikwissen brauchst...

Korrekt ist hier A. Für diese Aufgabe brauchst du etwas Grammatikwissen. "Er sucht." ist ein Beispiel für einen Indikativ. "Such!" Ist ein Beispiel für den Imperativ.

Aufgabe 13:

Korrekt ist hier B.

Aufgabe 14:

Korrekt ist hier B.

Aufgabe 15:

Korrekt ist hier A.

Aufgabe 16:

Korrekt ist hier A. Winkel haben die Einheit Grad. Temperatur hat die Einheit Grad Fahrenheit. Es sind zwar auch andere Temperatureinheiten möglich, aber in dieser Aufgabe steht aber nur Grad Fahrenheit als Antwortmöglichkeiten zur Verfügung.

Aufgabe 17:

Korrekt ist hier A.

Aufgabe 18:

Korrekt ist hier A. Gerichte sind Teil der Judikative. Die öffentliche Verwaltung ist Teil der Exekutive.

Aufgabe 19:

Korrekt ist hier B.

Aufgabe 20:

Korrekt ist hier D.

Selbsteinschätzung

Sprachanalogien - Test

Auf dieser Seite kannst du deinen Lernfortschritt dokumentieren. Das hilft dir dabei, deinen Lernfortschritt zu reflektieren und ein Gefühl dafür zu bekommen, wie sicher du in diesem Themenbereich bereits bist.

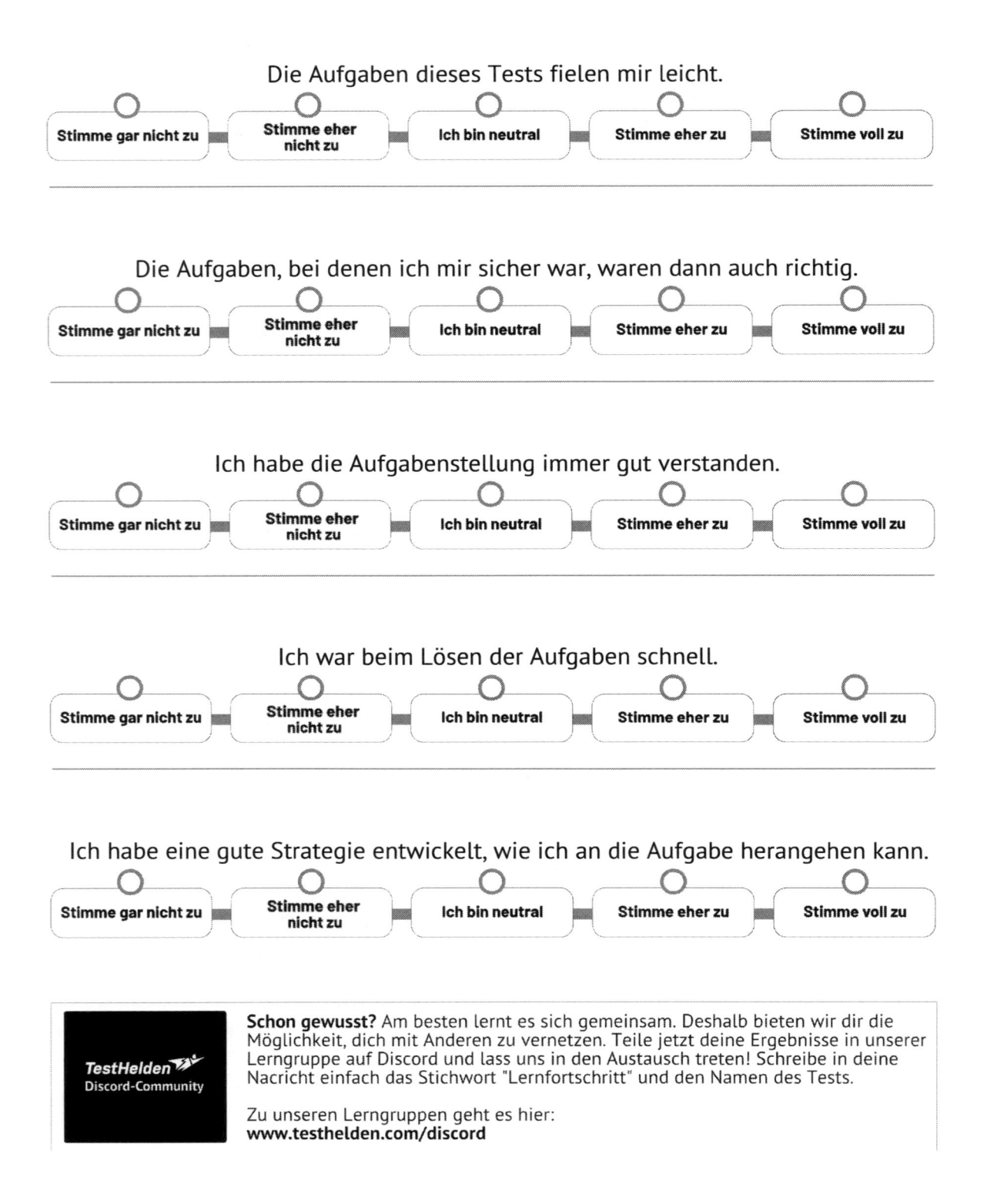

Die Aufgaben dieses Tests fielen mir leicht.

○ Stimme gar nicht zu — ○ Stimme eher nicht zu — ○ Ich bin neutral — ○ Stimme eher zu — ○ Stimme voll zu

Die Aufgaben, bei denen ich mir sicher war, waren dann auch richtig.

○ Stimme gar nicht zu — ○ Stimme eher nicht zu — ○ Ich bin neutral — ○ Stimme eher zu — ○ Stimme voll zu

Ich habe die Aufgabenstellung immer gut verstanden.

○ Stimme gar nicht zu — ○ Stimme eher nicht zu — ○ Ich bin neutral — ○ Stimme eher zu — ○ Stimme voll zu

Ich war beim Lösen der Aufgaben schnell.

○ Stimme gar nicht zu — ○ Stimme eher nicht zu — ○ Ich bin neutral — ○ Stimme eher zu — ○ Stimme voll zu

Ich habe eine gute Strategie entwickelt, wie ich an die Aufgabe herangehen kann.

○ Stimme gar nicht zu — ○ Stimme eher nicht zu — ○ Ich bin neutral — ○ Stimme eher zu — ○ Stimme voll zu

TestHelden Discord-Community

Schon gewusst? Am besten lernt es sich gemeinsam. Deshalb bieten wir dir die Möglichkeit, dich mit Anderen zu vernetzen. Teile jetzt deine Ergebnisse in unserer Lerngruppe auf Discord und lass uns in den Austausch treten! Schreibe in deine Nacricht einfach das Stichwort "Lernfortschritt" und den Namen des Tests.

Zu unseren Lerngruppen geht es hier:
www.testhelden.com/discord

Übung: Wörter ermitteln

Darum geht es in dieser Übung: In diesem Themenbereich findest du einen Mix aus Buchstaben, mit denen du das richtige Wort bilden sollst. Dein Lernziel ist es, durch logisches Denken den Buchstabenmix zu einem sinnvollen Wort zusammenzusetzen.

♫ Zu diesem Test findest du Medieninhalte direkt in deinem Online-Kurs.

> Tipp: Wie immer kannst du diese Seite hier nutzen, um dir einige Notizen zu machen. Du kannst zum Beispiel festhalten, welche Erwartungen du an den Test hast, was dir beim Üben aufgefallen ist oder was dir besonders schwer oder leicht gefallen ist.

🚀 Deine Notizen:

Aufgaben

Frage 1:

Welches Wort kannst du aus den folgenden Buchstaben bilden?
MADELNK

Deine Lösung:

✎ _____

Frage 2:

Welches Wort kannst du aus den folgenden Buchstaben bilden?
YRMIPADE

Deine Lösung:

✎ _____

Frage 3:

Welches Wort kannst du aus den folgenden Buchstaben bilden?
ILZP

Deine Lösung:

✎ _____

Frage 4:

Welches Wort kannst du aus den folgenden Buchstaben bilden?
BLNOAL

Deine Lösung:

✎ _____

Frage 5:

Welches Wort kannst du aus den folgenden Buchstaben bilden?
KELOW

Deine Lösung:

✎ _____

Frage 6:

Welches Wort kannst du aus den folgenden Buchstaben bilden?
MBAU

Deine Lösung:

✎ _____

Frage 7:

Welches Wort kannst du aus den folgenden Buchstaben bilden?
OLDG

Deine Lösung:

✎ _____

Frage 8:

Welches Wort kannst du aus den folgenden Buchstaben bilden?
GOHNNWU

Deine Lösung:

✎ _____

Frage 9:

Welches Wort kannst du aus den folgenden Buchstaben bilden?
ALBOKN

Deine Lösung:

✎ _____

Frage 10:

Welches Wort kannst du aus den folgenden Buchstaben bilden?
HMIEERBE

Deine Lösung:

✎ _____

Frage 11:

Welches Wort kannst du aus den folgenden Buchstaben bilden?
MEPLANCHIRMS

Deine Lösung:

✎ _____

Frage 12:

Welches Wort kannst du aus den folgenden Buchstaben bilden?
MTUPOERC

Deine Lösung:

✎ _____

Frage 13:

Welches Wort kannst du aus den folgenden Buchstaben bilden?
HCTLI

Deine Lösung:

✎ _____

Frage 14:

Welches Wort kannst du aus den folgenden Buchstaben bilden?
EFNEF

Deine Lösung:

✎ _____

Frage 15:

Welches Wort kannst du aus den folgenden Buchstaben bilden?
RTAIONDIT

Deine Lösung:

✎ _____

Frage 16:

Welches Wort kannst du aus den folgenden Buchstaben bilden?
HNAABTOU

Deine Lösung:

✎ _____

Frage 17:

Welches Wort kannst du aus den folgenden Buchstaben bilden?
MEBULNASTENK

Deine Lösung:

✎ _____

Frage 18:

Welches Wort kannst du aus den folgenden Buchstaben bilden?
DERNLAKE

Deine Lösung:

✎ _____

Frage 19:

Welches Wort kannst du aus den folgenden Buchstaben bilden?
WSASRE

Deine Lösung:

✎ _____

Frage 20:

Welches Wort kannst du aus den folgenden Buchstaben bilden?
NZRKEE

Deine Lösung:

✎ _____

Lösungen

Aufgabe 1:
Die richtige Antwort ist: Denkmal

Aufgabe 2:
Die richtige Antwort ist: Pyramide

Aufgabe 3:
Die richtige Antwort ist: Pilz

Aufgabe 4:
Die richtige Antwort ist: Ballon

Aufgabe 5:
Die richtige Antwort ist: Wolke

Aufgabe 6:
Die richtige Antwort ist: Baum

Aufgabe 7:
Die richtige Antwort ist: Gold

Aufgabe 8:
Die richtige Antwort ist: Wohung

Aufgabe 9:
Die richtige Antwort ist: Balkon

Aufgabe 10:
Die richtige Antwort ist: Himbeere

Aufgabe 11:
Die richtige Antwort ist: Lampenschirm

Aufgabe 12:
Die richtige Antwort ist: Computer

Aufgabe 13:
Die richtige Antwort ist: Licht

Aufgabe 14:
Die richtige Antwort ist: Neffe

Aufgabe 15:
Die richtige Antwort ist: Tradition

Aufgabe 16:
Die richtige Antwort ist: Autobahn

Aufgabe 17:
Die richtige Antwort ist: Blumenkasten

Aufgabe 18:
Die richtige Antwort ist: Kalender

Aufgabe 19:
Die richtige Antwort ist: Wasser

Aufgabe 20:
Die richtige Antwort ist: Kerzen

Selbsteinschätzung
Wörter ermitteln - Test

Auf dieser Seite kannst du deinen Lernfortschritt dokumentieren. Das hilft dir dabei, deinen Lernfortschritt zu reflektieren und ein Gefühl dafür zu bekommen, wie sicher du in diesem Themenbereich bereits bist.

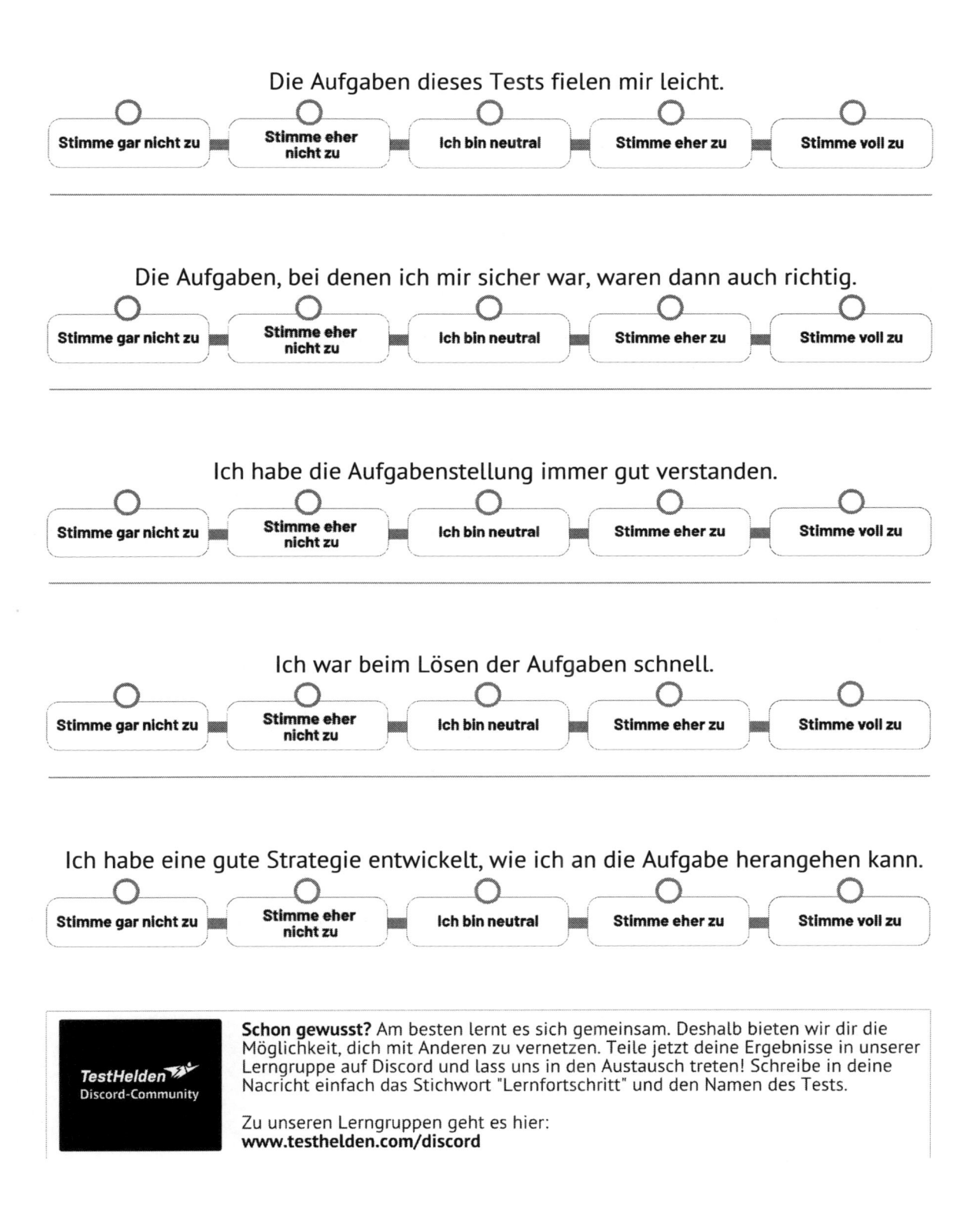

Die Aufgaben dieses Tests fielen mir leicht.
○ Stimme gar nicht zu — ○ Stimme eher nicht zu — ○ Ich bin neutral — ○ Stimme eher zu — ○ Stimme voll zu

Die Aufgaben, bei denen ich mir sicher war, waren dann auch richtig.
○ Stimme gar nicht zu — ○ Stimme eher nicht zu — ○ Ich bin neutral — ○ Stimme eher zu — ○ Stimme voll zu

Ich habe die Aufgabenstellung immer gut verstanden.
○ Stimme gar nicht zu — ○ Stimme eher nicht zu — ○ Ich bin neutral — ○ Stimme eher zu — ○ Stimme voll zu

Ich war beim Lösen der Aufgaben schnell.
○ Stimme gar nicht zu — ○ Stimme eher nicht zu — ○ Ich bin neutral — ○ Stimme eher zu — ○ Stimme voll zu

Ich habe eine gute Strategie entwickelt, wie ich an die Aufgabe herangehen kann.
○ Stimme gar nicht zu — ○ Stimme eher nicht zu — ○ Ich bin neutral — ○ Stimme eher zu — ○ Stimme voll zu

TestHelden Discord-Community

Schon gewusst? Am besten lernt es sich gemeinsam. Deshalb bieten wir dir die Möglichkeit, dich mit Anderen zu vernetzen. Teile jetzt deine Ergebnisse in unserer Lerngruppe auf Discord und lass uns in den Austausch treten! Schreibe in deine Nacricht einfach das Stichwort "Lernfortschritt" und den Namen des Tests.

Zu unseren Lerngruppen geht es hier:
www.testhelden.com/discord

Übung: Schlussfolgerungen

Darum geht es in dieser Übung: In diesem Themenbereich findest du Textaufgaben, aufgrund dessen du Schlussfolgerungen ziehen sollst. Dein Lernziel ist es, durch korrektes Lesen und logisches Denken die richtigen Schlussfolgerungen ziehen zu können.

♫ Zu diesem Test findest du Medieninhalte direkt in deinem Online-Kurs.

> Tipp: Wie immer kannst du diese Seite hier nutzen, um dir einige Notizen zu machen. Du kannst zum Beispiel festhalten, welche Erwartungen du an den Test hast, was dir beim Üben aufgefallen ist oder was dir besonders schwer oder leicht gefallen ist.

🚀 Deine Notizen:

Aufgaben

Frage 1:

Ralf ist nicht der schnellste Hund, wenn es um die Wurst geht. Wuffi und Baldi sind gleich schnell. Riko ist schneller als Baldi, aber doch langsamer als Fluffi. Rambo ist langsamer als Wuffi, aber bedeutend schneller als Henry. Ralf ist schneller als Riko, und Henry ist ein guter Futterverwerter. Welcher Hund kriegt die Wurst (am schnellsten)?

- ☐ A: Fluffi
- ☐ B: Wuffi
- ☐ C: Ralf
- ☐ D: Riko

Frage 2:

Welche Schlussfolgerung ist logisch richtig, wenn folgende Behauptung aufgestellt wird?
"Im Winter ist die Rodelbahn offen. Montags kostet der Glühwein am Stand bei der Rodelbahn nur 3 Euro. Also …"

- ☐ A: kostet der Glühwein an der Rodelbahn nur 3 Euro.
- ☐ B: kostet der Glühwein montags nur 3 Euro.
- ☐ C: kostet der Glühwein montags an der Rodelbahn nur 3 Euro.
- ☐ D: Es gibt montags kostenlos Glühwein.

Frage 3:

Alle Spanier essen Paella. Alle Spanier sind Europäer.

- ☐ A: Einige Europäer essen Paella.
- ☐ B: Alle Europäer sind Spanier.
- ☐ C: Kein Europäer ist Spanier.
- ☐ D: Alle Europäer essen Paella.

Frage 4:

Einige Zahlen sind Primzahlen. Primzahlen sind alle weiß. Welche Schlussfolgerung ergibt sich?

- ☐ A: Alle Zahlen sind weiß.
- ☐ B: Einige weiße Zahlen sind Primzahlen.
- ☐ C: Alle weißen Zahlen sind Primzahlen.
- ☐ D: Zahlen sind entweder weiß oder schwarz.

Frage 5:

Aufgabe: Eine ökonomische Studie untersucht den Zusammenhang zwischen Entwicklungen auf den Finanzmärkten und dem allgemeinen Wirtschaftswachstum. Dabei zeigt sich, dass nicht immer eine positive Entwicklung an den Finanzmärkten zwangsläufig mit einem starken Wirtschaftswachstum einhergeht. Einige Zeiträume mit stagnierenden Finanzmärkten können dennoch bemerkenswertes Wirtschaftswachstum verzeichnen.

Schlussfolgerung: Eine positive Entwicklung an den Finanzmärkten geht immer mit einem starken Wirtschaftswachstum einher.

- ☐ A: Trifft zu
- ☐ B: Kann man nicht sagen
- ☐ C: Trifft nicht zu

Frage 6:

Welche Schlussfolgerung ist logisch richtig, wenn folgende Behauptung aufgestellt wird?

"Wenn Tulpen orange sind, dann blühen sie. Wenn sie blühen, ist es Herbst. Die Tulpen sind orange, also ..."

- ☐ A: ist es nicht Herbst, wenn die Tulpen nicht orange sind.
- ☐ B: ist es nicht Herbst.
- ☐ C: ist es Winter.
- ☐ D: ist es Herbst, wenn sie orange sind.

Frage 7:

Einige Tiere sind Säugetiere. Alle Säugetiere sind rot. Was folgt daraus?

- ☐ A: Alle Tiere sind rot.
- ☐ B: Keines der Tiere ist rot.
- ☐ C: Einige Tiere sind rot.
- ☐ D: Einige Tiere sind schwarz.

Frage 8:

Alle Feuerwehrmänner sind schnell. Einige Menschen sind schnell. Schnelle Feuerwehrmänner sind Menschen.

- ☐ A: Alle Menschen sind Feuerwehrmenschen.
- ☐ B: Alle Feuerwehrmänner sind Menschen.
- ☐ C: Kein Mensch ist ein Feuerwehrmann.
- ☐ D: Schnelle Feuerwehrmänner sind keine Menschen.

Frage 9:

Welches Fahrrad ist langsamer?
Fahrrad C ist schneller als Fahrrad A, aber langsamer als Fahrrad D. Fahrrad A ist schneller als Fahrrad B.

- ☐ A: Fahrrad A
- ☐ B: Fahrrad B
- ☐ C: Fahrrad C
- ☐ D: Fahrrad D

Frage 10:

Welche Schlussfolgerung ist logisch richtig, wenn folgende Behauptung aufgestellt wird?
"Der Stausee hat immer dienstags geöffnet. Einmal im Monat hat der Stausee auch sonntags geöffnet. Also ..."

- ☐ A: Der Stausee hat immer geöffnet.
- ☐ B: Der Stausee hat einmal im Monat dienstags geöffnet.
- ☐ C: Der Stausee hat oft sonntags geöffnet.
- ☐ D: Der Stausee hat einmal im Monat sonntags geöffnet.

Frage 11:

Welches Schiff ist am schnellsten?
Schiff C ist am schnellsten. Schiff B ist viel schneller als Schiff A, aber Schiff D ist genauso schnell wie Schiff B.

- ☐ A: Schiff A
- ☐ B: Schiff B
- ☐ C: Schiff C
- ☐ D: Schiff D

Frage 12:

Aufgabe: Ein Wetterforschungsinstitut analysiert verschiedene Orte und ihre Temperaturverläufe. Dabei zeigt sich, dass keine Stadt mit einer Durchschnittstemperatur von über 30°C im Sommer weniger als 40 mm Niederschlag pro Monat aufweist. Gleichzeitig haben Städte mit einer Durchschnittstemperatur von unter 10°C im Winter weniger als 5 Sonnenstunden pro Tag.

Schlussfolgerung: Städte mit einer Durchschnittstemperatur von über 30°C im Sommer haben mehr als 40 mm Niederschlag pro Monat.

- ☐ A: Trifft zu
- ☐ B: Kann man nicht sagen
- ☐ C: Trifft nicht zu

Frage 13:

Die Pizza kommt aus Neapel. Neapel liegt in Italien.

- ☐ A: Alle Italiener kommen aus Neapel.
- ☐ B: Neapel ist die Hauptstadt von Italien.
- ☐ C: Einige Italiener essen Pizza.
- ☐ D: Niemand isst Pizza.

Frage 14:

Wer hat das Turnier gewonnen?
Paula und Eva haben Tennis gespielt.
Maxi hat Eva, Julia und Paula geschlagen.
Rosa hat gegen Maxi verloren, aber dafür gegen Eva und Julia gewonnen.
Paula hat gegen Eva und Rosa gewonnen.
Julia hat gegen Rosa verloren.

- A: Maxi
- B: Rosa
- C: Eva
- D: Paula

Frage 15:

Alle Schweizer essen Schokolade. Die Schweiz ist ein Land in Europa.

- A: Alle Europäer essen Schokolade.
- B: Einige Europäer essen Schokolade.
- C: Alle Europäer sind Schweizer.
- D: Keiner isst gern Schokolade.

Frage 16:

Welche Schlussfolgerung ist logisch richtig, wenn folgende Behauptung aufgestellt wird?
"Im Sommer werden gekühlte Getränke ausgegeben. An heißen Tagen sind diese sogar kostenlos."

- A: Gekühlte Getränke werden nur an heißen Tagen verschenkt.
- B: Gekühlte Getränke werden nie verschenkt.
- C: Gekühlte Getränke werden nur an Sommertagen verschenkt.
- D: Gekühlte Getränke werden nur an heißen Sommertagen verschenkt.

Frage 17:

Aufgabe: Eine Sportstudie untersucht den Einfluss der Trainingsintensität auf das Muskelwachstum. Dabei zeigt sich, dass nicht immer Personen, die intensiv trainieren, zwangsläufig ein größeres Muskelwachstum erleben. Einige Personen mit moderatem Training können dennoch bemerkenswerte Muskelzuwächse verzeichnen.

Schlussfolgerung: Personen, die intensiv trainieren, erleben immer ein größeres Muskelwachstum.

- ☐ A: Trifft zu
- ☐ B: Kann man nicht sagen
- ☐ C: Trifft nicht zu

Frage 18:

Alle Maschinen bestehen aus Schrauben. Manche Maschinen bestehen aus Schrauben und Muttern.

- ☐ A: Alle Maschinen bestehen aus Schrauben und Muttern.
- ☐ B: Keine Maschinen besteht aus Muttern.
- ☐ C: Keine Maschinen besteht aus Schrauben.
- ☐ D: Alle Maschinen bestehen aus Schrauben.

Frage 19:

Alle Lebewesen bestehen aus Zellen. Manche Lebewesen sind Einzeller.

- ☐ A: Alle Lebewesen sind Einzeller.
- ☐ B: Alle Einzeller sind Lebewesen.
- ☐ C: Einzeller sind keine Lebewesen.
- ☐ D: Einzeller sind die einzigen Lebewesen.

Frage 20:

Aufgabe: Eine agrarwissenschaftliche Untersuchung analysiert den Einfluss des Wetters auf die Ernteerträge von Weizen. Dabei zeigt sich, dass nicht immer diejenigen Jahre mit viel Niederschlag die höchsten Ernteerträge aufweisen. Einige Jahre mit vergleichsweise wenig Niederschlag können überraschend gute Erträge verzeichnen.

Schlussfolgerung: Jahre mit viel Niederschlag haben immer die höchsten Ernteerträge.

- ☐ A: Trifft zu
- ☐ B: Kann man nicht sagen
- ☐ C: Trifft nicht zu

Lösungen

Aufgabe 1:

Korrekt ist hier A. Henry und Rambo belegen die zwei letzten Plätze. Wuffi und Baldi kommen anschließend, da sie gleich schnell sind. Ralf ist schneller als Riko aber nicht der schnellste Hund, also bekommt Fluffi die Wurst.

Aufgabe 2:

Korrekt ist hier C.

Aufgabe 3:

Korrekt ist hier A.

Aufgabe 4:

Korrekt ist hier B.

Aufgabe 5:

Korrekt ist hier C.

Aufgabe 6:

Korrekt ist hier D.

Aufgabe 7:

Korrekt ist hier C.

Aufgabe 8:

Korrekt ist hier B.

Aufgabe 9:

Korrekt ist hier B.

Aufgabe 10:

Korrekt ist hier D.

Aufgabe 11:

Korrekt ist hier C.

Aufgabe 12:

Korrekt ist hier A.

Aufgabe 13:

Korrekt ist hier C.

Aufgabe 14:

Korrekt ist hier A.

Aufgabe 15:

Korrekt ist hier B.

Aufgabe 16:

Korrekt ist hier D.

Aufgabe 17:

Korrekt ist hier C.

Aufgabe 18:

Korrekt ist hier D.

Aufgabe 19:

Korrekt ist hier B.

Aufgabe 20:

Korrekt ist hier C.

Selbsteinschätzung
Schlussfolgerungen - Test

Auf dieser Seite kannst du deinen Lernfortschritt dokumentieren. Das hilft dir dabei, deinen Lernfortschritt zu reflektieren und ein Gefühl dafür zu bekommen, wie sicher du in diesem Themenbereich bereits bist.

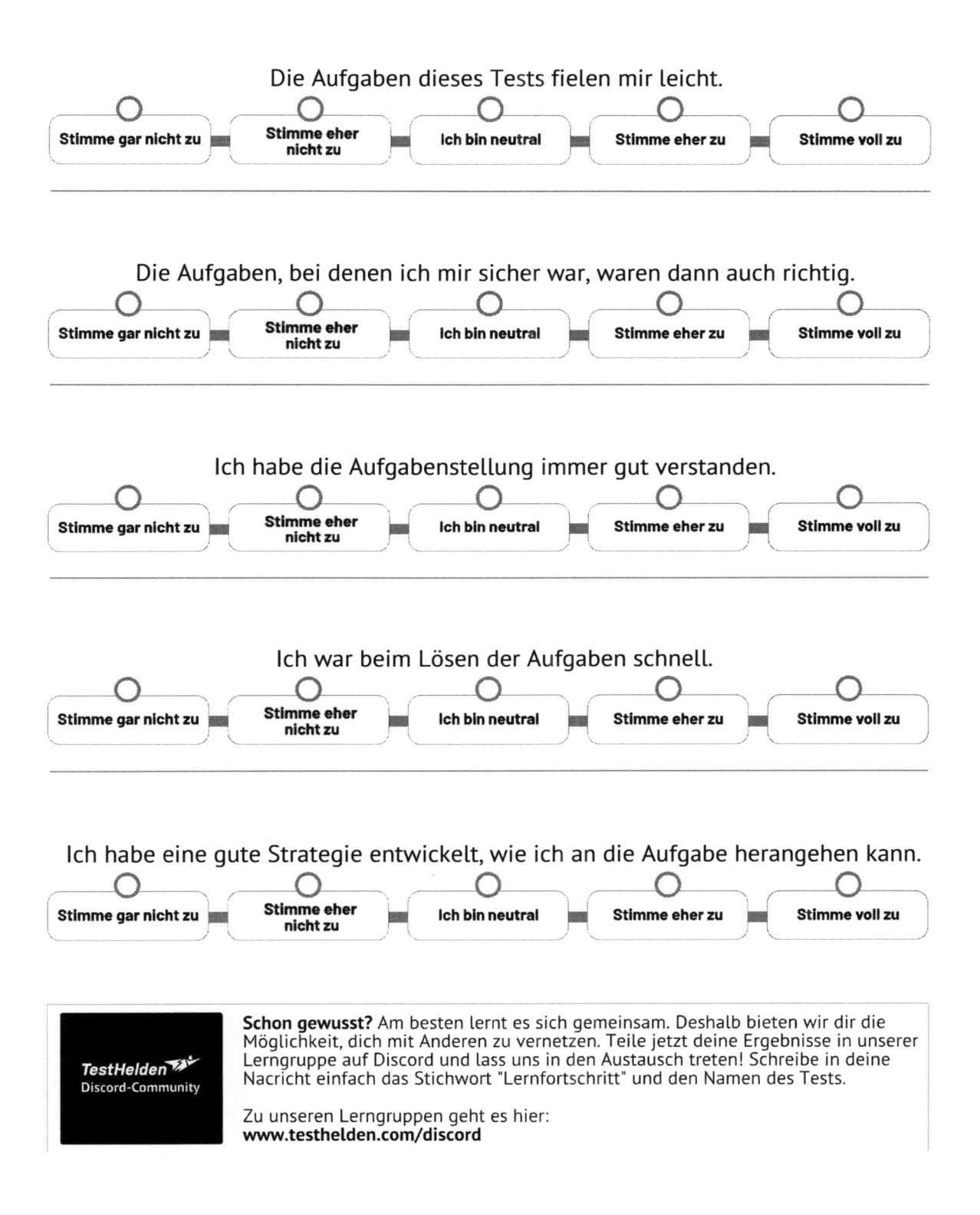

Die Aufgaben dieses Tests fielen mir leicht.

○ Stimme gar nicht zu — ○ Stimme eher nicht zu — ○ Ich bin neutral — ○ Stimme eher zu — ○ Stimme voll zu

Die Aufgaben, bei denen ich mir sicher war, waren dann auch richtig.

○ Stimme gar nicht zu — ○ Stimme eher nicht zu — ○ Ich bin neutral — ○ Stimme eher zu — ○ Stimme voll zu

Ich habe die Aufgabenstellung immer gut verstanden.

○ Stimme gar nicht zu — ○ Stimme eher nicht zu — ○ Ich bin neutral — ○ Stimme eher zu — ○ Stimme voll zu

Ich war beim Lösen der Aufgaben schnell.

○ Stimme gar nicht zu — ○ Stimme eher nicht zu — ○ Ich bin neutral — ○ Stimme eher zu — ○ Stimme voll zu

Ich habe eine gute Strategie entwickelt, wie ich an die Aufgabe herangehen kann.

○ Stimme gar nicht zu — ○ Stimme eher nicht zu — ○ Ich bin neutral — ○ Stimme eher zu — ○ Stimme voll zu

TestHelden Discord-Community

Schon gewusst? Am besten lernt es sich gemeinsam. Deshalb bieten wir dir die Möglichkeit, dich mit Anderen zu vernetzen. Teile jetzt deine Ergebnisse in unserer Lerngruppe auf Discord und lass uns in den Austausch treten! Schreibe in deine Nacricht einfach das Stichwort "Lernfortschritt" und den Namen des Tests.

Zu unseren Lerngruppen geht es hier:
www.testhelden.com/discord

Übung: Ergebnisse schätzen

Darum geht es in dieser Übung: In diesem Themenbereich erhältst du Aufgaben, bei denen du das Ergebnis schätzen musst. Dein Lernziel ist es, ein Gefühl für die Rechenoperationen und die Größenordnung beim Rechnen mit großen Zahlen zu erhalten.

♫ Zu diesem Test findest du Medieninhalte direkt in deinem Online-Kurs.

> Tipp: Wie immer kannst du diese Seite hier nutzen, um dir einige Notizen zu machen. Du kannst zum Beispiel festhalten, welche Erwartungen du an den Test hast, was dir beim Üben aufgefallen ist oder was dir besonders schwer oder leicht gefallen ist.

🚀 Deine Notizen:

Aufgaben

Frage 1:

Schätze das Ergebnis Ergebnis des folgenden Anteils:
2,5% von 7223

- A: 160,60
- B: 170,6
- C: 180,6
- D: 190,6

Frage 2:

Schätze das Ergebnis Ergebnis des folgenden Anteils:
6,7% von 5553

- A: 97,20
- B: 200,5
- C: 372,1
- D: 587,4

Frage 3:

Schätze das Ergebnis der folgenden Gleichung:
692x212

- A: 146.704
- B: 148.204
- C: 150.816
- D: 152.824

Frage 4:

Schätze das Ergebnis der folgenden Gleichung:
59.706-2.831-44.079

- A: 12.545
- B: 12.594
- C: 12.624
- D: 12.796

Frage 5:

Schätze das Ergebnis der folgenden Gleichung:
3.350+53.875+95.688

- ☐ A: 150.711,00
- ☐ B: 151.527,00
- ☐ C: 152.913,00
- ☐ D: 153.115,00

Frage 6:

Schätze das Ergebnis der folgenden Gleichung:
9792/24

- ☐ A: 308,00
- ☐ B: 408
- ☐ C: 508
- ☐ D: 608

Frage 7:

Schätze das Ergebnis der folgenden Gleichung:
814x193

- ☐ A: 145.114
- ☐ B: 152.080
- ☐ C: 155.316
- ☐ D: 157.102

Frage 8:

Schätze das Ergebnis der folgenden Gleichung:
95.877+42.271+4.686

- ☐ A: 142.834
- ☐ B: 142.889
- ☐ C: 142.925
- ☐ D: 142.982

Frage 9:

Schätze das Ergebnis der folgenden Gleichung:
60.226+77.784+51.387

- ☐ A: 189.312
- ☐ B: 189.397
- ☐ C: 189.411
- ☐ D: 189.556

Frage 10:

Schätze das Ergebnis der folgenden Gleichung:
37.309-6.099-4.547

- ☐ A: 26.266,00
- ☐ B: 26.663,00
- ☐ C: 26.669,00
- ☐ D: 26.711,00

Frage 11:

Schätze das Ergebnis der folgenden Gleichung:
89.251+25.897+35.683

- ☐ A: 149.231,00
- ☐ B: 149.651,00
- ☐ C: 149.831,00
- ☐ D: 150.831,00

Frage 12:

Schätze das Ergebnis der folgenden Gleichung:
2500x700

- ☐ A: 17.500,00
- ☐ B: 175.000,00
- ☐ C: 1.750.000,00
- ☐ D: 17.500.000,00

Frage 13:

Schätze das Ergebnis der folgenden Gleichung:
86.675-7.616-21.402

- A: 55.653,00
- B: 56.913,00
- C: 57.657,00
- D: 58.349,00

Frage 14:

Schätze das Ergebnis der folgenden Gleichung:
44.777+34.119+21.828

- A: 98.524
- B: 99.158
- C: 100.724
- D: 102.324

Frage 15:

Schätze das Ergebnis der folgenden Gleichung:
331x361

- A: 118.342,00
- B: 119.282,00
- C: 119.491,00
- D: 120.713,00

Frage 16:

Schätze das Ergebnis der folgenden Gleichung:
142x144

- A: 19.448,00
- B: 19.888,00
- C: 20.448,00
- D: 20.612,00

Frage 17:

Schätze das Ergebnis der folgenden Gleichung:
400x500

- ☐ A: 20.000,00
- ☐ B: 200.000,00
- ☐ C: 2.000.000,00
- ☐ D: 20.000.000,00

Frage 18:

Schätze das Ergebnis der folgenden Gleichung:
969/17

- ☐ A: 43
- ☐ B: 52
- ☐ C: 57
- ☐ D: 61

Frage 19:

Schätze das Ergebnis der folgenden Gleichung:
1536/48

- ☐ A: 18
- ☐ B: 32
- ☐ C: 35
- ☐ D: 52

Frage 20:

Schätze das Ergebnis der folgenden Gleichung:
900x13000

- ☐ A: 11.700,00
- ☐ B: 117.000,00
- ☐ C: 1.170.000,00
- ☐ D: 11.700.000,00

Lösungen

Aufgabe 1:

Korrekt ist hier C.

Aufgabe 2:

Korrekt ist hier C.

Aufgabe 3:

Korrekt ist hier A.

Aufgabe 4:

Korrekt ist hier D.

Aufgabe 5:

Korrekt ist hier C.

Aufgabe 6:

Korrekt ist hier B.

Aufgabe 7:

Korrekt ist hier D.

Aufgabe 8:

Korrekt ist hier A.

Aufgabe 9:

Korrekt ist hier B.

Aufgabe 10:

Korrekt ist hier B.

Aufgabe 11:

Korrekt ist hier D.

Aufgabe 12:

Korrekt ist hier C.

Aufgabe 13:

Korrekt ist hier C.

Aufgabe 14:

Korrekt ist hier C.

Aufgabe 15:

Korrekt ist hier C.

Aufgabe 16:

Korrekt ist hier C.

Aufgabe 17:

Korrekt ist hier B.

Aufgabe 18:

Korrekt ist hier C.

Aufgabe 19:

Korrekt ist hier B.

Aufgabe 20:

Korrekt ist hier D.

Selbsteinschätzung
Ergebnisse schätzen - Test

Auf dieser Seite kannst du deinen Lernfortschritt dokumentieren. Das hilft dir dabei, deinen Lernfortschritt zu reflektieren und ein Gefühl dafür zu bekommen, wie sicher du in diesem Themenbereich bereits bist.

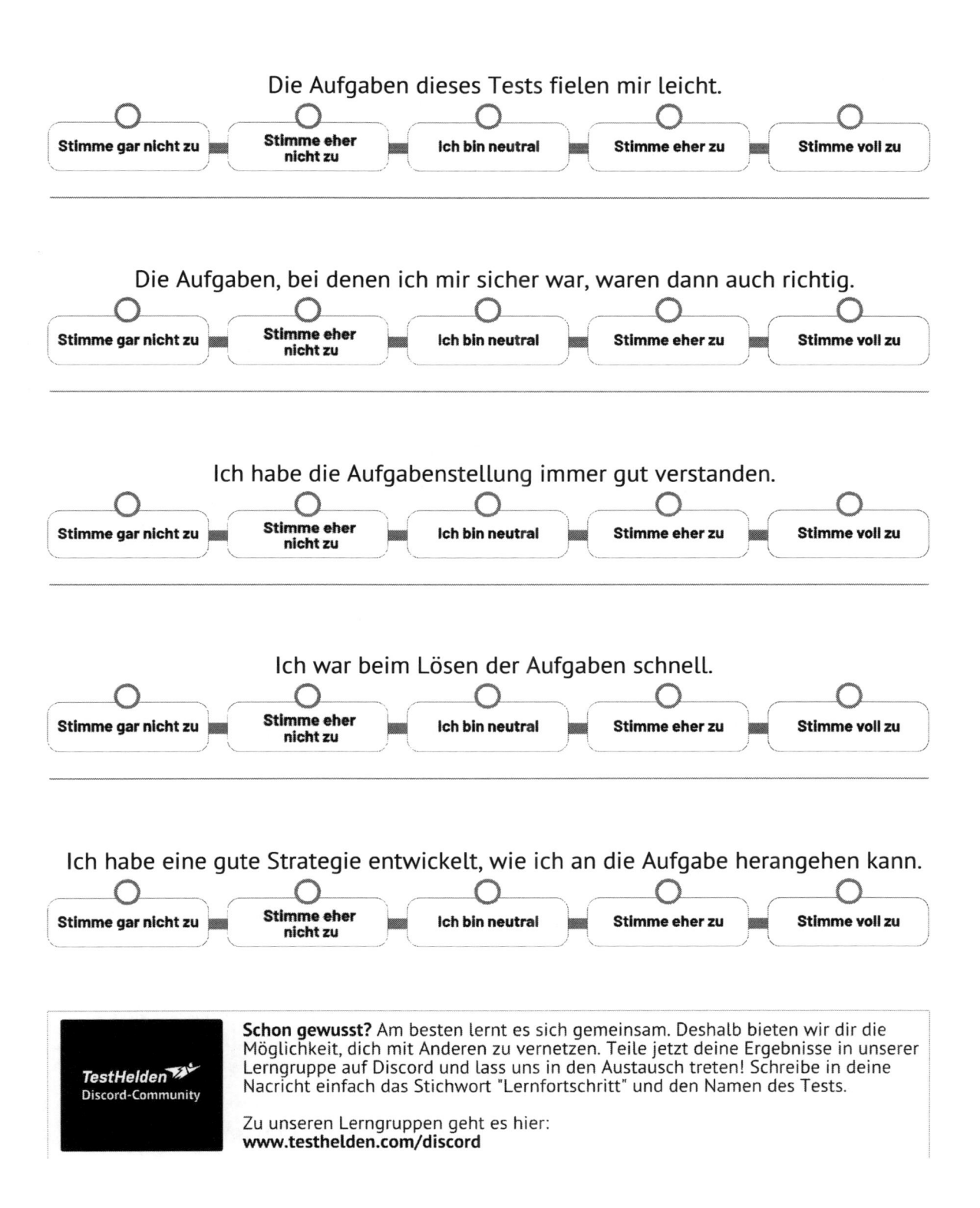

Die Aufgaben dieses Tests fielen mir leicht.

○ Stimme gar nicht zu ○ Stimme eher nicht zu ○ Ich bin neutral ○ Stimme eher zu ○ Stimme voll zu

Die Aufgaben, bei denen ich mir sicher war, waren dann auch richtig.

○ Stimme gar nicht zu ○ Stimme eher nicht zu ○ Ich bin neutral ○ Stimme eher zu ○ Stimme voll zu

Ich habe die Aufgabenstellung immer gut verstanden.

○ Stimme gar nicht zu ○ Stimme eher nicht zu ○ Ich bin neutral ○ Stimme eher zu ○ Stimme voll zu

Ich war beim Lösen der Aufgaben schnell.

○ Stimme gar nicht zu ○ Stimme eher nicht zu ○ Ich bin neutral ○ Stimme eher zu ○ Stimme voll zu

Ich habe eine gute Strategie entwickelt, wie ich an die Aufgabe herangehen kann.

○ Stimme gar nicht zu ○ Stimme eher nicht zu ○ Ich bin neutral ○ Stimme eher zu ○ Stimme voll zu

TestHelden Discord-Community

Schon gewusst? Am besten lernt es sich gemeinsam. Deshalb bieten wir dir die Möglichkeit, dich mit Anderen zu vernetzen. Teile jetzt deine Ergebnisse in unserer Lerngruppe auf Discord und lass uns in den Austausch treten! Schreibe in deine Nacricht einfach das Stichwort "Lernfortschritt" und den Namen des Tests.

Zu unseren Lerngruppen geht es hier:
www.testhelden.com/discord

So schaltest du deinen Online-Testtrainer frei

Wir von TestHelden versuchen dich so umfangreich wie möglich vorzubereiten. Neben diesem Trainer wollen wir dir natürlich auch digital und ganz individuell weiterhelfen! Und genau dafür haben wir unsere Online-Trainer. Die Freischaltung deines ganz persönlichen TestHelden-Trainers erkläre ich dir jetzt:

Du erhältst von uns einen Gutscheincode. Dieser ist für alle Produktgrößen einlösbar. Anschließend kannst du dir den Umfang deines Online-Testtrainers heraussuchen.

Dein Gutscheincode lautet:
KDP-TH-POLIZ-301023

Gutscheinwert:
45 EURO

Deinen persönlichen Kurs findest du unter:
https://testhelden.com/produkt/polizei-oesterreich-einstellungstest/

Wichtig: Gehe in deinem Browser auf den oben stehenden Link. Dort findest du unseren Online-Testtrainer mit allen verfügbaren Varianten und Umfängen. Das vorausgewählte Komplettpaket ist mit Eingabe deines Gutschein-Codes komplett kostenfrei. Du hast auch die Möglichkeit, vergünstigt ein größeres Paket mit weiteren Inhalten, Aufgaben und Übungen zu erwerben. Eine genaue Übersicht vom Umfang erhältst du mit Klick auf das jeweilige Paket. Wähle anschließend das für dich am besten geeignete Komplettpaket aus und klicke auf „Freischalten". Danach kannst du oben in der Kasse den Gutscheincode eingeben und der Gutscheinbetrag wird von deinem Kaufbetrag abgezogen. So kommst du richtig günstig an ein hochwertiges Paket. Klingt gut, oder?

Gib nun deine E-Mail-Adresse, Vor- und Nachname an und lege dein Passwort fest. Mit Klick auf „Bestellen" erfolgt direkt die Freischaltung und du bist auf unserer Lernplattform angemeldet.
Deine Lerninhalte findest du in deinem Profil unter „Meine Kurse". Nach der erfolgreichen Aktivierung deines Online-Trainers erhältst du von uns weitere Informationen zum Funktionsumfang und zur Bedienung via Mail.

Achtung: Dein festgelegtes Passwort und die hinterlegte E-Mail-Adresse sind auch deine Zugangsdaten zu unserer TestHelden-App. Diese findest du im App-Store und im Google Play-Store, wenn du ganz einfach nach „TestHelden" suchst.

Dein Buch umfasst mehr als einen Kurs? Dann such dir einen beliebigen Kurs aus und melde dich danach bei uns unter support@testhelden.com. Wir schalten dir dann alle weiteren Kurse frei. Bitte gib in deiner Nachricht den genauen Titel des Buches an. Bis gleich!

Printed in Poland
by Amazon Fulfillment
Poland Sp. z o.o., Wrocław